重庆西南大学教育基金会"新旅程"基金资助

统筹城乡与社会治理丛书

道法助益

基金会协同
社会治理实证研究

田 阡/著

DAOFA ZHUYI

JIJINHUI XIETONG

SHEHUIZHILI SHIZHENG YANJIU

人民出版社

序 一[*]

党的十八大以来，激发社会组织活力、创新社会治理体制成为社会各界密切关心的话题。基金会作为社会组织的重要组成部分，尤其受到关注。面对改革开放以来特别是近年来基金会的迅速发展及其在社会治理中作用的发挥，学术界对基金会发展管理倾注了大量的热情，出现了不少有分量的研究成果。这些成果更进一步深化了对基金会的认识，推动了基金会的发展与管理创新。西南大学田阡教授所著《道法助益：基金会协同社会治理实证研究》，就是这样一部好书。它既有对实践中基金会发展管理经验的总结和提炼，也有从理论层面对基金会在社会治理创新、推动社会进步中发挥作用的探讨和论述，还有历史的视野和哲学的思考。田阡教授不仅在学术上颇有建树，还能满腔热情地投入社会组织实践中。他作为一位有着人类学学科背景的社会组织中青年专家，立足西南大学，服务于重庆社会组织的发展，致力于社会组织人才培养和公益组织能力建设。他的研究团队连续三年承担中央财政支持下的社会组织服务项目，积极推进重庆市基金会的评估工作，并为基金会提供品牌咨询和业务交流，成为重庆市社会组织核心智库之一。我期待本书的出版，更祝愿田阡教授未来有更大的发展。

中国传统文化中蕴藏着丰富的慈善资源，乐善好施、助人为乐是中国文化的重要组成部分。民国时期，随着与世界联系的加强，境外基金会进入我国境内开展活动，如洛克菲勒基金会、霍尔基金会；境内也发展出了

---

* 本文作者系民政部民间组织管理局副局长。

自己的基金会，如中华教育文化基金会、中华教育基金会等。这些基金会广泛开展助学、济困、助医等活动，提高了教育医疗水平、改善了民生。1949 年新中国成立后，特别是 1978 年改革开放以后，中国相继进行的经济与政治体制改革，转变政府职能，改变国家与市场、国家与社会的关系，重新划分和定位不同种类社会组织的功能，为基金会提供了产生和发展的空间。而民众生活水平的提高、社会财富的增长，以及日益高涨的公民意识和志愿精神，又为基金会的发展提供了持久的动力。1981 年 7 月中国儿童少年基金会的建立，开启了我国现代基金会的发展之路，并且由少到多、由弱到强，蓬勃发展，成绩斐然。截至 2014 年年底，全国共有基金会约 4200 家，资产总额超过 1000 亿元，年度公益支出超过 400 亿元，社会捐赠发展到 1000 亿元左右，经常开展慈善服务的志愿者 6000 多万人。基金会在扶弱济困、助医助学、文化环境保护、社会政策倡导等多个领域取得了显著成绩，对动员社会力量参与、推动社会治理创新、促进社会公平正义、弘扬社会正能量作出了积极的贡献。

在基金会发展的同时，我国政府对基金会的管理理念也发生了重大变化。

第一，更加注重对基金会的培育、规范和扶持发展。1988 年颁布的《基金会管理办法》，对基金会管理的基本理念是偏重管控。该办法规定的三重管理体制，实际上把基金会视作非银行金融机构或准金融机构。随着基金会的管理更为规范化、正面社会效应逐渐发挥，2004 年颁布的《基金会管理条例》已经从管控发展变为发展和监管两手抓。党的十八大之后，出台了更多有利于基金会发展的政策和法规，培育、扶持基金会发展成为重要的施政理念。这些培育和扶持的措施，包括培育和孵化基金会、鼓励基金会参与社会治理、实施税收优惠、政府购买基金会服务、政府项目推动、培养领军人才等。如建立了公益慈善捐赠和公益慈善组织的税收优惠制度，从全国性社会组织获得公益性捐赠税前扣除资格的情况来看，基金会占了 95% 以上。再如建立了政府购买服务制度，从 2012 年起，实施中央财政支持社会组织参与社会服务项目，每年财政投入一定资金，发挥了引导和杠杆作用，调动了公益慈善组织的积极性，也撬动了更多社会资源进入公益慈善领域。此外，各地在实践过程中，不同程度地下调登记权限，简化登记程序，强化孵化培育，开展公益创投。如北京、上海、江苏等地探索建立社会组织孵化模式，设立孵化基地、提供多重优惠措施孵育社会组织。浙江省台州市动员社会力量，筹集民间资金设立了全省第一个社会组织发展基金会。与此同时，国家不断出台政策措施，鼓励基金会参与社会治理，2014 年出台了《国务院关于促进慈善事业健康发展的指导意见》（国发〔2014〕61 号），提出"通过捐赠、支持志愿服务、设立基金会等方式，开展形式多样的慈善活动，在更广泛的领域为社会作出贡献"。2016 年中共中央办公厅、国务院办公厅印发《关于加大脱贫攻坚力度支持革命老区开发建设的指导意见》中指出，"鼓励社会团体、基金会、民办非企业单位等各类组织积极支持老区开发建设"。2016 年 1 月 27 日召开的国务院常务会议就加强关爱保护农村留守儿童指出，"支持社工、慈善组织等社会力量参与，完善关爱服务体系"。应该说，基金会的培育扶持体系日趋完善。

第二，更加重视法规政策框架下的合规性监管。新中国成立后，于1950 年颁布了《社会团体登记暂行办法》，该暂行办法将社会公益团体作为社会团体的一个重要分类。1988 年出台的《基金会管理办法》，为新中国第一部关于基金会的行政法规，开启了我国依法管理基金会的先河。2004 年，国务院发布《基金会管理条例》并组织实施。该条例在总结过去 16 年来中国基金会管理实践经验的基础上，吸收和借鉴了世界非营利组织管理立法的经验，系统地对基金会登记、组织机构、财产使用和管理、监督管理等进行了规范。2006 年以来，民政部、财政部陆续发布了《基金会年度检查办法》《基金会信息公布办法》《关于加强和完善基金会注册会计师审计制度的通知》《关于规范基金会行为的若干规定（试行）》《关于进一步加强基金会专项基金管理工作的通知》。2016 年通过的《中华人民共和国慈善法》，更是中国慈善组织法制建设的集大成者，对公益慈善事业的发展具有划时代的意义。基金会管理的法治化趋势，客观反映了我国建设社会主义法治国家取得的成果，也是基金会管理深化细化的必然要求。

第三，更加重视对基金会的引导和服务。近年来政府不断推动职能转移，服务型政府的理念逐渐建立，寓服务于管理成为政府管理的新模式。如民政部制定的《基金会章程示范文本》《基金会年度工作报告格式文本》《基金会年度工作报告信息公布格式文本》《公益慈善捐助信息公开指引》等，都体现了登记管理机关寓服务于管理的理念。地方也不断地更新管理理念，增强服务意识，如普遍设立行政审批大厅，提供登记备案年检一站式服务。如湖北省民政厅印发的《湖北省基金会登记规范指引》，为基金会的登记注册提供了详细的指导。深圳市民政局制定的《深圳社区基金会培育发展工作暂行办法》、上海市民政局和社团局制定的《上海社区基金会建设指引（试行）》，引导和培育社区基金会的发展，也是这方面的典范。

展望未来，我国基金会的发展管理将会出现新的积极变化与走向：一是加快形成现代基金会发展管理制度。党的十八大报告提出，要"加快形成政社分开、权责明确、依法自治的现代社会组织体制"。建立现代社会组织体制，包含更加成熟、更加定型的社会组织制度，而建立一套更加成熟、更加定型的基金会管理制度及相应的配套制度是建立现代社会组织体制题中应有之义。这个制度，应当与我国的经济社会文化发展相协调，与社会团体、民办非企业单位的制度相一致；应当充分借鉴世界其他国家有益经验，遵循基金会发展一般规律，体现和保障基金会的非政府性、非营利性、社会性这一根本属性，又要立足我国实际，具有中国风格、中国特点、中国气派，体现我国基金会特有的政治性和政策性；应当经过反复实践，能够获得国内社会认可，又能适时走出去，参与国际活动与规则制定，获得较高的国际社会知名度。二是加强基金会治理能力，建立基金会现代治理体系。基金会要承担起相应的公共服务职能，关键是要加强自身能力建设，正所谓"打铁还需自身硬"。因此，要通过加强基金会的自身建设来推动基金会治理体系的完善和治理能力的现代化。落实理事会、监事（会）和执行层的权责，形成有效决策、有效监督、有效执行的治理机制。基金会是围绕基金开展活动的组织，其拥有的资产数额都较为庞大，因此，基金会的财务管理状况直接决定着基金会的公信力。而随着新媒体的发展和网络社会的崛起，基金会能否借助微公益、网络慈善等形式开展活动、吸引捐赠，为其发展注入新活力，也考验基金会在保证自身合法性基础上实现基金会使命的能力。三是激发基金会活力，促使基金会更好地参与社会治理。基金会作为社会组织的重要组成部分，在扶危济困、扶老、救孤、恤病、助残等若干方面提供着公共服务，是保障民生的重要力量。基金会弘扬的慈善文化与社会主义核心价值观倡导的友善相一致，是促进公民践行社会主义核心价值观的重要推手。基金会在一定程度上对政府的公共服务、社会管理职能起到补充甚至协同的作用，在政府推进简政放权的过程中，基金会助力行政体制改革将发挥更大的作用。基金会的基金主要来源于社会捐赠，基金会参与社会治理是在"初次分配"和"再分配"的基础上进行的"第三次分配"，注重的是捐赠人的社会责任，有助于道德观念的提升和利他精神的弘扬。因此，基金会参与社会治理具有其自身的独特优势，是创新社会治理体制的重要参与者，是社会治理的重要主体之一。上述三个方面的发展目标，是相互联系、依次递进的统一整体。加快形成现代基金会管理制度，加强基金会内部治理是为了更好地激发基金会的活力，促使其有能力在社会治理中更好地发挥作用，从而在推动国家治理能力和治理体系现代化中扮演更加积极的角色。我们希望在未来实践过程中不断探索、总结经验、加强研究，通过政界、学界、实务界的密切合作，共同促进基金会的发展管理制度的更加成熟、更加完善。

廖　鸿

2019 年 3 月

序 二

社会组织研究方面的又一部力作[*]

　　社会组织与政府、企业一样，是社会治理体系中的有机主体，随着市场经济新秩序的构建和政府精简机构与转变职能，社会组织越来越多地承接政府职能，提供社会公共服务，在扶贫、济困、养老、教育、卫生、文化、环境保护等领域发挥着不可或缺的积极作用。

　　如果把整个社会分为三个部门：第一部门是政府，行使强制性的权力，处理公共事务；第二部门是企业，提供产品，获取并分配利润；第三部门是社会组织，既没有公共权力，又没有利润分配，通过提供专业化的服务赢得社会信任。在第三部门内，也有大小社会组织的区分。大的社会组织范围既包括社会团体、民办非企业单位、基金会，还包括事业单位、人民团体、业主委员会、宗教场所、社会企业、社会中介组织、城乡社区服务组织等。大范围的社会组织中，事业单位在编办登记注册，人民团体免登记，宗教场所在民族宗教委登记注册。社会中介组织包括会计师事务所、律师事务所、审计师事务所。中的社会组织范围是指社会团体、民办非企业单位、基金会、事业单位、人民团体、业主委员会、村民委员会、居民委员会。小的社会组织范围仅仅是指在民政部门注册的社会团体、民办非企业单位和基金会。

　　社会团体是由自然人、法人和其他组织所组成的非营利组织，主要由个人会员或单位会员构成，实现会员的利益和意愿。实现行业利益的社会

　　* 本文作者系上海交通大学第三部门研究中心主任、国际与公共事务学院教授。

团体，如行业协会、商会；实现公共利益的社会团体，如环境保护组织。民办非企业单位是由非国有资产或部分国有资产建立的从事非营利性社会服务活动的社会组织，如民办学校、民办医院等。基金会是指利用自然人、法人或者其他组织捐赠的财产，以从事公益事业为目的成立的非营利社会组织。基金会与社会团体的会员参与不同，它主要是提供资产通过资助或运作的方式提供服务。

1949年10月中华人民共和国成立后，包括人民团体在内的社会团体有所发展。1952年5月，中国与西方国家还没有建立外交关系，但民间的经济交流可以进行，因此，成立了中国国际贸易促进委员会从西方国家进口新中国成立初期所需的物资。1954年12月，考虑到中国与日本没有建立外交关系，为了解决中国与日本渔民之间的渔业纠纷，成立了中国渔业协会，由政府授权处理相关纠纷。改革开放以后，基金会这一形态才出现，1981年7月，中国儿童少年基金会在北京成立，是我国第一家公益基金会。1986年4月，第六届全国人大第四次会议通过《中华人民共和国民法通则》，其中界定了社会团体法人、事业单位法人、机关法人和企业法人。基金会在社会团体法人中。1988年9月，国务院颁布《基金会管理办法》，2004年2月，国务院发布《基金会管理条例》，基金会逐渐成为独立的法人。

基金会除公募基金会、非公募基金会分类外，还有资助型基金会与运作型基金会。按照徐永光的说法，还可以分为八种基金会：社区基金会、家族基金会、独立基金会、企业背景的基金会、宗教背景的基金会、政府支持的基金会、专业运作基金会、大学基金会。① 不管是哪一种形态的基金会，都在社会组织与社会建设中发挥着特殊的积极作用，展示着社会团体、民办非企业单位所不能体现的功能。

田阡教授是西南大学历史文化学院民族学院民族学与人类学系主任，兼任教育部人文社会科学研究基地云南大学西南边疆少数民族研究中心、

---

① 徐永光：《八种形态基金会的作用及其完善》，《中国国情国力》2015年第1期。

福建省人文社会科学研究基地厦门大学人类学研究中心、广东省人文社会科学研究基地中山大学华南农村研究中心、广东省人文社会科学研究基地中山大学移民与族群研究中心等单位的特聘研究员。在以往的第三部门、基金会研究队伍中，从地域上看，基本上集中在上海、北京、广东、江苏等东部发达地区，西部的学者少一些。而且，研究者更多的是来自政治学、公共管理、法学、社会学和历史学领域，人类学领域研究者少一些。田阡教授作为人类学的教授，有他独到的学术背景和见解。作为学术朋友，看到田教授的新作甚为高兴，他到上海开会特地提出请我作序，盛情难却，也是自己学习的一次好机会，我答应下来，并先睹为快。田教授的《道法助益：基金会协同社会治理实证研究》一书可以说是社会组织研究方面的又一部力作，值得祝贺！

这部著作有以下几个方面的特点：

一是视野宽广。对社会组织的研究，一般有三种路径：第一种是从社会管理和社会治理角度探讨社会组织，讨论社会管理和社会治理背景下社会组织的发展与变化。第二种是从社会组织自身来分析社会组织的结构、运作与外界关系，如社会团体、基金会、民办非企业单位。第三种是研究社会组织之间的关系，如基金会与社会团体关系、民办非企业单位与基金会关系、基金会与基金会关系等。田阡教授打破常规，别出新裁，选择了第四种路径。那就是从社会治理大背景下探讨基金会与社会组织的关系。这种路径的优点是既有宏观的背景与思维，又有较具体的实证材料。

二是框架结构合理。在文献综述后，田阡教授设计了一个社会治理框架，介绍社会组织现状，解构基金会与社会组织的各种关系。基金会协同社会治理结构分析框架主要以基金会与政府利益契合关系类型为标准，按照垄断控制与授权型、依附型、契约型、自治自主与契约型四类划分为不同类型的基金会，分析基金会协同社会治理的主体、权威、治理系统间的协作与协调、治理系统的动态，形成基金会协同社会治理结构分析的主要框架。

三是提出了新的类型特点。田阡教授概括出基金会协同社会治理的结构特征，包括垄断控制与授权型基金会协同社会治理结构特点、自治自主与契约型基金会协同社会治理结构特点、依附型基金会协同社会治理结构特点、契约型基金会协同社会治理结构特点。同时，又根据对重庆市基金会运行情况的考察，把基金会分为地方政府促办的基金会、民政系统自办的基金会、社会团体自办的基金会、大学系统自办的基金会、个人名义自办的基金会。这些提法，在国内学术界应该是第一次，也是比较新的分类路径，值得学术界高度关注，也是在分类学上的一种努力和贡献。

尽管本著作有诸多的优点，但还是有提升的空间，有些提法可以讨论，如民政系统自办的基金会、地方政府促办的基金会。有些重要的内容没有涉及，如基金会协同社会治理的结构与关系分析较少。当然，这些问题，我相信在作者以后的论著中会思考得更深入、分析得更深刻，我期盼着田阡教授在这部力作的基础上再有新作问世。

是为序。

徐家良
2019 年 2 月

目　　录

绪　　论

对普通大众而言，基金会是一个新鲜事物。当一群大学生志愿者在青藏高原遇见先天性心脏病儿童及其贫困的家人时，大家东拼西凑筹集善款，为的是解这个家庭的急。当一个社区老年协会的负责人思考着怎么样为老年朋友解决看病远、看病贵的问题时，他四处奔波去联系附近的私立医院，为的是解大家的急……因为基金会在某种程度上远离人们的日常生活，普通人很难在关键时刻想起它。

对我们国家而言，基金会又是老生常谈的话题。曾几何时流传着一句话叫"南湘雅、北协和"，今天大部分人对"协和"二字很熟悉，却鲜有人看见这一南一北背后的基金会的身影。改革开放以来，"希望工程"逐渐走进公众视野却较少突出其后基金会的背景……可以说中国的发展离不开基金会，无论是国际的还是国内的。基金会自身如何适应中国的实际而不断发展，相对的如何实现对基金会的有效管理，这些均是老生常谈的话题。

从全国层面来讲，基金会是我们进行社会建设的重要一环。到2020年中国将实现全面建成小康社会的宏伟目标，除了经济上达到小康水平，我们也注重社会的和谐有序。解决好一系列社会民生问题，构建起多样化社会互动空间，培育具有活力的社会主体，才能说拥有一个和谐有序的社会。基金会既是社会主体之一，同时又肩负着社会建设者的角色。解决问题、构筑空间、培育主体是基金会的应有之义。

作为统筹城乡改革试验区，重庆市通过改革户籍、土地交易、社会投资等制度推动城乡差距进一步缩小，促进城镇化对农村的反哺，推动城乡一体化，探索出一条城乡融合发展之路。在这样的背景下，本书主要通过对重庆市基金会的实证分析，研究基金会如何协同社会治理的问题，探究重庆市的基金会如何能够突破城乡藩篱，解决城乡居民面临的各种民生问题，提供一种城乡互动的社会空间，培育城乡社会新型主体，实现基金会协同社会治理价值与功能。

第一章 理论基础：社会治理与社会组织

第一节 社会治理

中国特色社会主义进入新时代，我国社会主要矛盾已经转化为人民日益增长的美好生活需要和不平衡不充分的发展之间的矛盾。2017年，党的十九大报告提出"打造共建共治共享的社会治理格局"，激发全民参与社会治理的积极性和主动性，"推动社会治理重心向基层下移，发挥社会组织作用，实现政府治理和社会调节、居民自治良性互动"。构建创新型社会组织参与社会治理体系显得尤为重要。十九届四中全会将"坚持和完善共建共治共享的社会治理制度"纳入中国特色社会主义制度建设，形成"一核多方"，营造"共建、共治、共享"的社会组织参与社会治理的新格局。

新时代的社会治理格局，实现了从"社会管理"向"社会治理"理念转变，政府主导、多元参与的社会治理模式更加强调推动多元主体参与，激发社会活力，实现"自上而下"与"自下而上"的有机衔接和良性互动。在国家治理体系中，要正确处理政府治理和市场治理、政府治理和社会治理、社会治理和市场治理三者之间的关系。社会组织是介于政府和市场主体之间的独立组织，是推进社会治理现代化的重要参与主体，在传达社会诉求、整合社会资源、提供公共服务、创新治理方式、缓和社会矛盾等方面发挥着不可替代的作用。

现代社会治理需要政府与经济组织、社会组织、公众等多元社会主体共担社会责任，共同参与社会治理。增强社会组织参与社会治理的有效性，既是促使社会组织规范化良性的需要，也是社会治理现代化进程的本质要求，从而推动建设"人人有责、人人尽责、人人享有"的社会治理共同体。

世界银行在1989年的一份研究报告中首次用"治理危机"（crisis in governance）来概括当时非洲的发展情形①，1992年世界银行年度报告的题目就是《治理与发展》。自此之后，"治理"一词就频频出现在联合国各大机构的文件中，最终被政治学界和行政管理学界所接受，并广泛应用于国家或地方的公共事务管理的相关理论和实践研究。1992年，联合国教科文组织专门成立了"全球治理委员会"（Commission on Global Governance），对"治理"的概念、内涵进行深入探讨，认为治理是各种公共的或私人的个人和机构管理其共同事务的诸多方式的总和，是使相互冲突的或不同的利益得以调和并且采取联合行动的持续过程。1996年，经济合作与发展组织的公共管理报告也是以《转变中的治理》为题目。此后，"治理"理论逐渐被学者们所重视。

一、社会治理及其理论兴起的背景

19世纪西方的经济危机、市场失灵是促使社会组织产生且得到发展的主要原因，西方学界对社会组织的研究热度是与社会组织自身发展的成熟度成正比。国外没有社会组织的称谓，通常称为非政府组织（NGO）、非营利组织（NPO）或者统称公益组织等。

治理的兴起与世界范围内随着民主化进程的推进各个国家内公共权力的兴起紧密联系在一起。"20世纪90年代以来，随着公共权力在经济和社会发展中扮演的角色愈益重要，Governance（治理）已经成为国际上政治学和经济学中一个较为流行的名词。"②"西方的政治学家和管理学家之所以提出治理概念，主张用治理替代统治，是他们在社会资源的配置中既

---

① 俞可平：《中国公民社会的兴起与治理的变迁》，《中国社会科学季刊》1999年第3期。

② 徐勇：《GOVERANCE：治理的阐释》，《政治学研究》1997年第1期。

看到了市场的失效，又看到了国家的失效。"①

　　治理是为了达成某种共同的目标而开展的活动，政府在这些活动中未必起主导作用，其对国家强制力的依赖程度也明显区别于传统管理。"治理本身是一种机制，无论是在正式还是非正式的机制下，每一个个体、每一个组织都可以满足自身的利益需求。"② 斯托克认为，"治理的兴起折射了其背后的四个因素：经济发展及与之相关联的世界经济的全球化，消费者、纳税人、公民的需求增加且复杂化，技术（尤其是信息传播和信息管理技术）的发达，社会前所未有的多样性和复杂性，众多国家都经历了这些因素的影响"③。

　　随着治理理论的逐渐兴起，西方学者将关注的焦点放在治理的多种形态上。1996 年，罗茨（Rhodes，R.）归纳了治理的六种形态：（1）作为最小国家的治理，即该形态试图重新界定公共干预的范围和形式，以及用市场和准市场的方法来提供公共服务；（2）作为公司的治理；（3）作为新公共管理的治理，即从管理主义中的结果导向和新制度主义经济学中激励机制出发来指导治理；（4）作为"善治"的治理，即采用世界银行向发展中国家贷款政策中提倡的治理目标的主导思想；（5）作为社会调控制度的治理，即强调在中央政府与地方政府、志愿部门、私人部门发生互动关系中实现治理；（6）作为自组织网络的治理。④ 在此之后，罗茨又提出了略微不同的七种分类，即公司治理、新公共管理、善治、国际间的相互依赖、社会控制论的治理、新政治经济学的治理、网络治理。

　　库依曼（Kooiman）提出："治理意味着国家与社会，还有市场以新的方式互动，以应对日益增长的社会政策议题和复杂性、多样性和动态性

---

　　① 俞可平：《引论：治理与善治》，见俞可平主编：《治理与善治》，社会科学文献出版社 2000 年版，第 1—15 页。

　　② 詹姆斯·罗西瑙：《没有政府的治理》，江西人民出版社 2001 年版。

　　③ 格里·斯托克：《作为理论的治理：五个论点》，《国际社会科学杂志》（中文版）1999 年第 1 期。

　　④ Rhodes, R., "The New Governance: Governing without Government?", *Political Studies*, 1996, 44 (4), pp. 652-667.

的问题。"① 赫斯特（Paul Hirst）提出了治理的五种分类：基于民主而建构的善治，国际制度领域的治理，公司治理，新公共管理战略有关的治理，通过协调网络、合作关系、论坛等建立起的治理。② 斯托克提出，治理是指一套出自政府但又不限于政府的社会机构和行为者；治理断定在求解经济社会问题时，各方的界限和责任是模糊的；治理断定涉及集体行动的各机构之间存在权力依赖；治理是关于自治、自主的行动者网络；治理认识到办事的能力不在于政府下命令的权力或者政府权威的使用，政府可以使用新工具和技术来掌舵和指导，以增强自己的能力。③

有些学者认为，"相对于统治，治理是一种趋势，这一趋势必定意味着国家（政府）社会关系的调整；调整目的在于应对原先政治社会格局中的不可治理性；在调整过程中，政府之外的力量被更多地强调，国家的中心地位可能在一定程度上被国家、社会和市场的新组合所替代；同时，治理也是对国家市场两分法的否弃"④。

在斯托克观点的基础上，国内学者将支撑治理及其理论兴起的背景因素归结为两个方面，"首先是现代政府的职能、国家的角色乃至政治的合法性都受到了来自实践的深刻挑战，而这种挑战是多维度的、动态性的。探究这一现象，必须从现代国家和行政系统面临着不断变异的社会史'危机'入手。另一个与前者紧密关联并同样重要，但却容易被忽视的背景因素是，在社会科学学术观念的发展历程中，国家概念、学科分工和现代性的迷思逐渐被解构。国家与社会、政府与市场等二分法在 20 世纪后期也纷纷陷入困境。追求社会科学理论的新范式，寻找国家、市场和社会的重新定位，成为学术与实践的双重迫切需求"⑤。

---

① Kooiman, J., *Governing as Governance*, London：Ssge Publication, 2003.

② Hirst Paul, "Democracy and Governance", in pierre, J. (eds), *Debating Governance*, New York：Oxford University Press, 2000, pp. 13—35.

③ 格里·斯托克：《作为理论的治理：五个论点》，见俞可平主编：《治理与善治》，社会科学文献出版社 2000 年版，第 31—51 页。

④ 王诗宗：《治理理论及其中国适用性》，浙江大学出版社 2009 年版，第 41 页。

⑤ 王诗宗：《治理理论及其中国适用性》，浙江大学出版社 2009 年版，第 12 页。

关于治理理论兴起的背景因素，"首先，在理论上，治理理论的兴起与 20 世纪七八十年代社会科学出现的某些范式危机有关，主要在于许多学科领域的原有范式越来越难以解释和描述现实世界。其次，国家和市场的内在局限，重新引起学术界对本来就已广泛存在而在某一时期被人们所忽视的治理理论的关注。第三，各种协调形式的兴衰起伏与循环，也推动了治理机制的兴起。第四，从现实的角度看，治理概念已经成为评判有关国家能力、国家与社会关系的新路径。第五，当代世界所发生的深刻变化，如全球化的历史进程、冷战后国际政治经济新秩序、公民社会的作用日益凸显等都有助于解释治理何以兴起"[1]。

二、我国"社会治理"的提出

"社会治理"理论在 20 世纪 90 年代中期开始传入我国。有学者认为，"治理是 90 年代以来国际政治学界和经济学界新拓展的一个研究领域……这一概念在国际学术界已获得认可，并成为一个颇具潜力的新兴研究领域"，并进一步结合中国国情，提出了中国需要"从政策治国到制度治国"的结论。[2]

随后学者们从公共权力的配置和运作与社会互动的角度阐释了治理的概念[3]，梳理了社会治理的历史[4]，指出"治理一词的基本含义是指在一个既定的范围内运用权威维持秩序，满足公众的需要"，并从中国传统文化出发，进一步认为"国家治理的理想状态就是善治"[5]。

1998 年《国务院机构改革方案》首次明确提出"社会管理"的概念，把政府的基本职能界定为"宏观调控、社会管理和公共服务"。此后，社会管理日益受到中央的重视，党的十六大和十七大相继对社会管理

---

① 吴志成：《西方治理理论述评》，《教学与研究》2004 年第 6 期。
② 智贤（刘军宁）：《GOVERANCE——现代"治道"新概念》，见刘军宁等主编：《市场逻辑与国家观念》，生活·读书·新知三联书店 1995 年版，第 5—17 页。
③ 徐勇：《GOVERANCE：治理的阐释》，《政治学研究》1997 年第 1 期。
④ 毛寿龙、李梅、陈幽泓：《西方政府的治道变革》，中国人民大学出版社 1998 年版。
⑤ 俞可平：《治理与善治：一种新的政治分析框架》，《南京社会科学》2001 年第 9 期。

做出了论述。2004 年党的十六届四中全会提出"加强社会建设和管理，推进社会管理体制创新"的任务。2007 年党的十七大报告进一步强调"完善社会管理，维护社会安定团结"，提出"建立健全党委领导、政府负责、社会协同、公众参与的社会管理格局，健全基层社会管理体制"。2013 年党的十八届三中全会正式提出"全面深化改革的总目标是完善和发展中国特色社会主义制度，推进国家治理体系和治理能力现代化"，还包括其他 5 处提到"治理"一词，提出要"加快形成科学有效的治理体制"；提出"有效的政府治理，是发挥社会主义市场经济体制优势的内在要求"；提出"创新社会治理""要提高社会治理水平""要改进社会治理方式"等。党的十八大提出治理思想后，掀起了国内学界对社会治理研究的热潮，2014 年党的十八届四中全会提出"坚持系统治理、依法治理、综合治理、元调剖治理，提高社会治理法治化水平"。2015 年党的十八届五中全会提出"完善党委领导、政府主导、社会协同、公众参与、法治保障的社会治理体制，推进社会治理精细化"。2017 年党的十九大提出"完善党委领导、政府负责、社会协同、公众参与、法治保障的社会治理体制，打造共建共治共享的社会治理格局"。2019 年党的十九届四中全会明确要求"完善党委领导、政府负责、民主协商、社会协同、公众参与、法治保障、科技支撑的社会治理体系"，创新社会治理手段，提升社会治理效能是未来趋势。

随着由"社会管理"向"社会治理"的转变，全社会进行了热烈的讨论。俞可平认为，"将推进国家治理体系和治理能力现代化作为全面深化改革的总目标，对于中国的政治发展，乃至整个中国的社会主义现代化事业来说，具有重大而深远的理论意义和现实意义"[①]。李强指出，此次社会治理概念的提出，是对于多年来推进社会建设，处理我国转型期众多社会矛盾、社会问题经验与教训的吸取和总结，对于以往的理论既有继承，又有发展；既有延续性，又有开拓性。在怎样进行治理和治理的方

---

① 俞可平：《推进国家治理体系和治理能力现代化》，《前线》2014 年第 1 期。

式、方法上，社会治理比社会管理更具备现代化的特征。社会治理与社会管理，一字之差，却是党的社会建设理论与实践的一次重要创新。同时，他还总结了社会治理的六个特点，即更强调"双向互动"、更强调多元参与、更强调合作协商、更强调法治的理念、更强调公开透明的治理方式、更重视体制机制的创新等。① 徐晓全认为，从"管理"走向"治理"，以更具开放性和包容性的执政理念全面深化改革，既是坚持理论创新和实践创新的必然要求，也是坚持中国特色社会主义道路自信、理论自信、制度自信的必然选择，标志着中国共产党治国方略的重大转型。② 李路路指出，"对'社会治理'概念的接受和阐释，代表了党和国家执政治国理念的重大改变，甚至可以说是根本性的改变。虽然在学术上，'治理'并不是一个新概念，但在我党的重大文件中作为执政治国的理念，这是第一次……是基于我国社会转型发生重大变化的战略抉择，其主要背景为我国处在以市场为导向的改革和市场化进程之中"③。

新时代社会治理理论的研究，主要集中在新时代社会治理理论创新、新时代社会治理格局构建等主题的研究。杨会良、陈兰杰、杨雅旭认为党的十九大报告对社会治理理论体系的创新主要表现在：社会治理体制创新、理念创新、方式和手段创新。建立并发展了科学社会主义社会治理思想、实现了传统社会管理向现代社会治理的转变、构建了社会治理与平安中国、人类命运共同体之间的联系。④ 王名、董俊林分析了党的十九大报告中关于社会治理创新的内容，涵盖社会治理的体制建构、指导思想、基本格局、任务要求、战略目标等。⑤ 朱新武、王明标认为"共建、共治、

---

① 李强：《创新社会治理体制》，《前线》2014 年第 1 期。

② 徐晓全：《从"管理"到"治理"：治国方略重大转型》，《学习时报》2013 年 11 月 18 日。

③ 李路路：《从"社会管理"到"社会治理"》，《中国社会科学报》2013 年 12 月 2 日。

④ 杨会良、陈兰杰、杨雅旭：《党的十八大以来社会治理的理论演变与制度创新》，《治理现代化研究》2018 年第 4 期。

⑤ 王名、董俊林：《关于新时代社会治理的系统观点及其理论思考》，《行政管理改革》2018 年第 3 期。

共享，分别是新时代社会治理格局的基础、关键和目标，所对应的本质要求是以人民为主体、以人民为至上、以人民为目的"①。刘任平基于整体性治理理论认为实现共建共治共享社会治理格局的路径，主要是"以多元主体参与的合作治理理念为基础、以矛盾预防和有效化解的机制为条件、以信息技术为主体的治理手段为动力、以法律法规为核心的制度设计为保障"②。夏锦文对于共建共治共享社会治理格局的实践探索与路径指出，"要促进秩序与活力的和谐一致、形成良好的公共精神、增进法治素养水平、促进治理技术更新"③。

三、我国的"社会管理"与"社会治理"

在我国，社会管理主要包括政府依法对社会事务、社会组织和社会生活的规范和管理。从中央领导和中央文件对社会管理的论述来看，社会管理的内容较为广泛，包括社会公正、公共治安、社会稳定、社会诚信、利益协调、社会保障、社会服务、公众参与、社会自治、社会救助、食品安全、应急管理、城市管理、社区治理，以及社会组织的培育与管理等等。④

"社会管理对应于经济管理，其英文为'social management'（《中国大百科全书》）。由于传统的社会管理一般被认为是政府职能，并且以政府为单一主体，所以和'统治'（domination）的意义相近……20世纪80年代以来，世界上的现代国家进一步认识到政府的职能有限，机制也有缺陷，社会管理需要多方主体的参与和合作，便提出了'治理'一词。管

---

① 朱新武、王明标：《共建共治共享的社会治理格局：理论阐释与体系构建》，《新疆大学学报（哲学人文社会科学版）》2018年第6期。
② 刘任平：《共建共治共享社会治理格局的有效构建——基于整体性治理理论的分析》，《延边党校学报》2018年第4期。
③ 夏锦文：《共建共治共享的社会治理格局：理论构建与实践探索》，《社会治理研究》2018年第3期。
④ 中国社会管理评价体系课题组：《中国社会治理评价指标体系》，见俞可平主编：《中国治理评论》（第2辑），中央编译出版社2012年版，第2—29页。

理和治理的主要区别在于，就是传统的管理偏重于政府主体的单纯权力作用，而治理则注重多元主体的作用。就我国而言，社会管理创新的关键是从'统治'转向'治理'。"①

丁元竹认为，"在社会管理实践中，人们逐渐认识到社会的制度结构或关系，不只是政府内部的结构和关系，还包括社会部门的结构和关系。政府对于公共事务的影响只是众多因素中的一个因素，事情越复杂，政府的局限性越明显；越来越多的人开始相信，公共关心的重要问题，包括环境问题、信息和通信技术发展问题是非常复杂的，不能仅仅依赖政府单独决策。良好的社会运行方式，必须包括社会的广泛参与，即以社会治理替代社会管理。过去的 35 年发展中，中国社会的治理和体制结构一直在不断变化，主要表现在法治替代人治，立法与执法的分离，部门之间的壁垒在打破，分权使地方领导获得更多的权力，公众越来越多参与立法、执法和政策制定。"②

有学者总结了"社会管理"与"社会治理"的主要特征。"社会管理"的主要特征是：（1）社会管理的主体相对来说较为单一，主要是指各级党委和政府及其职能部门。（2）政府社会管理的主要内容是政府管理社会。政府社会管理通常被理解为，政府对社会组织和社会成员通过政治动员和行政命令方式达到管理的目的。（3）社会管理包含有社会服务的内容，但社会成员在政府提供的社会公共服务中更多地是作为社会服务的对象被动地接受服务而没有更多的选择权。③

比较而言，"社会治理"主要有以下特征：（1）社会治理的主体是多元的，党政机关、企事业单位、社会组织、公民都是社会治理的重要行动主体。（2）社会治理强调多元主体通过协商协作方式及其互动过程实现对社会事务的合作管理，反对单纯的命令和控制，倡导政府社会

---

① 卢汉龙：《社会管理和社会治理是一回事吗》，《解放日报》2012 年 2 月 6 日。
② 丁元竹：《从"社会管理"到"社会治理"是必然趋势》，《南京日报》2013 年 12 月 8 日。
③ 何增科：《从社会管理走向社会治理和社会善治》，《学习时报》2013 年 1 月 28 日。

管理的透明化、法治化和利益相关方参与社会政策决策。（3）社会治理倡导社会自治，倡导参与式治理，强调尊重社会成员的社会政治权利，主张激发社会成员的权能，使社会成员在社会治理过程中拥有发言权和影响力。（4）社会治理倡导社会成员主动表达需求，自主提出所需要的服务项目，政府则对项目的实施提供资助，社会组织自主组织实施服务项目并接受资助方的评估，社会成员和社会组织不再是单纯享受社会服务的被动的对象，而是需求的表达者、项目的选择者和服务的供给者。[1] 这种分析强调了公民、第三部门参与公共事务的合法性。

四、社会治理的界定

社会治理的思想源于西方，强调"更多的社会，更少的政府"。20 世纪中后期以来，随着社会经济蓬勃发展，社会利益格局更加多元化，公民意识进一步提升，与之相伴，大量社会问题滋生，资本主义社会危机爆发。在此背景下，"社会治理"这一概念逐渐开始在世界范围内被广泛接受，而决定其通用性的根本原因是其不同于传统的"统治"概念，它是一个全新的概念范畴。[2] 此后，国外学者对社会治理概念研究逐渐深入，更多关注多元治理主体协作、丰富公共服务供给模式、促进社会公平等内容，这些变化也决定了社会治理不再是"自上而下"的管理与控制，而是社会多元主体共同行动，在行动中协调与配合，更好地促进治理目标的实现。

徐勇在 1997 年发表的文章《GOVERNANCE：治理的阐释》中提到，"有的学者将 Governance 译成'治道'，我以为有可商榷之处。因为根据中国的文化传统，'道'一般是指事物运行的内在依据和规律，而 Governance 主要是指'在管理一国的经济和社会资源的过程中运用公共权力

---

[1] 何增科：《从社会管理走向社会治理和社会善治》，《学习时报》2013 年 1 月 28 日。
[2] 张虎祥、仇立平：《社会治理辨析：一个多元的概念》，《江苏行政学院学报》2015 年第 1 期。

的方式'，因此我认为 Governance 翻译成'治理'较好"①。

俞可平教授是国内最早研究与传播"社会治理"思想的学者，他指出："社会治理有一个显著特征，即权力会在社会治理的实践中在多种主体间进行转移与重新分配，地位相同的各主体以自愿为原则开展合作，在良性互动中提高治理效率，进而达成行动目标。"他根据我国传统政治文化提出"善治"是社会治理的最终目标。善治的基本要素有以下七个：合法性（legitimacy）、透明性（transparency）、责任性（accountability）、法治（rule of law）、回应（responsiveness）、有效性（effectiveness）和稳定性（stability）。②

王浦劬老师结合国内特色与实际，界定社会治理为"在执政党领导下，由政府组织吸纳社会组织等多方面治理主体参与，对社会公共事务进行的治理活动，是以实现和维护群众权利为核心，发挥多元治理主体的作用，针对国家治理中的社会问题，完善社会福利保障改善民生，化解社会矛盾，促进社会公平，推动社会有序和谐发展的过程"③。

何增科在总结治理、善治与中国政治发展关系的基础上④进一步认为，"社会善治是对良好的或理想的社会治理状态的描述。社会善治是政治国家和第三部门在社会生活领域的合作管理，其目的是实现社会公共利益最大化。将善治的基本要素应用于社会治理领域，结合社会治理的具体内容，可以推演出社会善治的基本要素。社会善治的基本要素应当包括：透明、参与、法治、回应、效率、包容、公平、信任、和谐、安全"⑤。李培林认为，"简单地说，社会治理就是要让人们过上好日子，好日子就是衣食丰足、幸福平安、和谐有序"⑥。向德平指出："社会治理旨在建立

① 徐勇：《GOVERANCE：治理的阐释》，《政治学研究》1997 年第 1 期。
② 俞可平：《更加重视社会自治》，《人民论坛》2011 年第 6 期。
③ 王浦劬：《国家治理、政府治理和社会治理的含义及其相互关系》，《中国行政管理》2014 年第 3 期。
④ 何增科：《治理、善治与中国政治发展》，《中共福建省委党校学报》2002 年第 3 期。
⑤ 何增科：《从社会管理走向社会治理和社会善治》，《学习时报》2013 年 1 月 28 日。
⑥ 李培林：《社会治理与社会体制改革》，《行政管理改革》2014 年第 9 期。

一种国家与社会、政府与非政府组织、公共机构与私人机构等多元主体协调互动的治理状态，是在科学规范的规章制度的指引下，强调各行为主体主动参与的社会发展过程。"① 从总体上来看，学界基本上在"社会治理"的核心意涵，如以人为本、多元互动、协商共治等方面达成了共识。

五、社会治理的适用性问题

社会治理理论起源于西方学者对各自国家的政治问题的思考。"一般认为治理的推行需要以法治、公民社会、政治民主为条件，那么要将非西方国家的治理与善治进行下去，我们就无法回避治理理论的适用性问题；在中国，也是如此。"②

毛寿龙在 2001 年从我国改革开放后政府职能的市场化、政府行为的法治化、政府决策的民主化、政府权力的多中心、政务公开的进程五个方面，总结出五个潮流：从无限的政府走向有限的政府，从人治的政府走向法治的政府，从专政的政府走向民主的政府，从高度集权的单中心政府走向高度分散的多中心政府，从封闭的政府走向信息公开的政府。认为我国在治道方面的改革取得了不错的进展。③ 杨占营 2003 年在《治理理论、新公共管理与中国治道变革》中论述了 20 世纪 70 年代以来西方治道变革所主要涉及的两大最新理论及二者之间的关系，在此基础上，对中国治道变革的必然性和驱动力进行了分析，阐述了中国治道变革的路径选择和治理及新公共管理理论对中国的借鉴意义。④

何增科对我国社会治理的前景也持乐观态度。他将讨论点立足于我国已有的行政体制改革的路径之上，"我国政治发展的已有成就是中央政府和各级地方政府在政治和行政管理体制方面积极进行体制改革和制度创新

---

① 向德平、苏海：《"社会治理"的理论内涵和实践路径》，《新疆师范大学学报（哲学社会科学版）》2014 年第 6 期。

② 王诗宗：《治理理论及其中国适用性》，浙江大学出版社 2009 年版，第 137 页。

③ 毛寿龙：《现代治道与治道变革》，《南京社会科学》2001 年第 9 期。

④ 杨占营：《治理理论、新公共管理与中国治道变革》，《探索》2003 年第 3 期。

的结果，从制度变迁的路径依赖角度来看，过去 20 年的努力为政治体制的演进奠定了基础并预示进一步变迁的方向。"①

部分学者对于治理理论的适用性问题持谨慎态度，如李景鹏从我国目前仍然存在较为严重的官本位思想的现实以及公民和社会状况出发，认为我国的行政管理的现状与治理理论的要求还有较大的差距。杨雪冬也认为在我国现代性国家建构远未完成时，谈论社会治理的实现为时过早，"每一个社会都有自己的历史文化传统和制度基础，既无法摆脱发展的'路径依赖'，也不能超越某些阶段。必须在开放的背景下扎扎实实地进行制度调整和创新。"② 徐勇虽然对社会治理的前景持乐观态度，然而其认为社会治理必须要结合我国政治制度和广大基层的现实国情，只有结合基层民主制度的改革才能推动社会治理的实现。③ 孔繁斌在《治理与善治制度移植：中国选择的逻辑》一文中认为，"西方治理与善治制度的实践是对公共领域的危机或民主政治衰败做出的拯救性回应。但仍然是以发达的政府—市场制度为社会基础，在西方社会中作为治理与善治拯救对象的政府失败和市场失败在中国还是一个虚拟问题，因为从规范意义上来看，作为现代社会有效地解决群体生活一致性问题的'政府—市场'制度在中国还有待建立，或者中国目前还处于模拟市场制度及其所需的其他制度的阶段"④。值得注意的是孔繁斌强调治理和善治制度在意识形态上比较中立，只要选择得当，完全可以推进中国公共治理的制度进步。

刘银喜在《政府治理理论的兴起及其中国化》一文中提出了中国化的问题，认为"吸取西方国家政府治理的成功经验，提出新的治理思路并提炼出一些适合中国的治理理念，这既是对中国当前面临问题的回应也

---

① 何增科：《治理、善治与中国政治发展》，《中共福建省委党校学报》2002 年第 3 期。
② 杨雪冬：《要注意治理理论在发展中国家的应用问题》，《中国行政管理》2001 年第 9 期。
③ 徐勇：《GOVERANCE：治理的阐释》，《政治学研究》1997 年第 1 期。
④ 孔繁斌：《治理与善治制度移植：中国制度的逻辑》，《马克思主义与现实》2003 年第 3 期。

是对政府治理理论的充实和完善"①。王诗宗将适应性规定为"基本符合治理理论描述的治理方式能否在中国得到应用；此一应用能否在国家建构及现代行政体系建设方面得到有价值的成果"，王诗宗通过对温州商会的自主性、宁波海曙区政府购买居家养老服务、温岭民主恳谈会3个案例的剖析，认为治理理论主张的公共管理方式在中国具有适用性，对推进行政模式和行政民主也具有显著的意义，但他同时谨慎地指出"治理推动'政治进步'的功能可能是较为有限或缓慢的，甚至治理目前也不能迅速改变中国公共行政的整体面貌"②。王诗宗的顾虑也是很多持谨慎态度的学者在适用性问题上的疑惑之所在。

党的十八大之后，对于社会治理理论在中国的适用性问题许多学者从多个角度开展研究，例如对中国特色社会主义社会治理理论的研究，包括对马克思列宁主义、毛泽东思想、邓小平理论、科学发展观和习近平新时代中国特色社会主义思想中所蕴含的社会治理思想的探析；对中国的社会治理与西方的社会治理、中国传统文化中的社会治理与当下的社会治理、社会治理与国家治理和政府治理、社会治理与社会管理在理念、体制、机制、方式方法等方面联系与区别的研究；对社会治理专门化的研究，如法律基础研究、社会组织研究、社会阶层研究、社会流动研究、应急管理研究；等等。

六、社会治理模式

（一）国外实践

从20世纪末开始，起源于西方世界的治理理论开始被运用到部分国家的社会治理之中，也因各自国家的具体情况的不同，产生了一些具有特点的治理模式。

---

① 刘银喜：《政府治理理论的兴起及其中国化》，《内蒙古大学学报（哲学社会科学版）》2004年第4期。

② 王诗宗：《治理理论及其中国适用性》，浙江大学出版社2009年版，第193页。

1. 公民自治型的社区治理模式

此模式的典型代表国家是美国。在社区发展和管理上，基本都采取了政府负责规划指导和资金扶持，社区组织负责具体实施的运作方式。他们将具体事务交给社区组织和民间团体，政府只负责宏观调控。社区居民的广泛和积极参与为社区治理注入了民主的活力。公共服务企业的运作促进了社区治理的市场化，公共服务组织的加入促成了社区治理的组织化，社区权力的分散最终构成了社区治理的多元化。

2. "行政＋自治"的合作式治理模式

该模式的典型代表国家为日本。在日本，民众主要通过大量结社方式（通常表现为第三部门或自治组织）参与社会治理，并主要在政府和企业力不从心的治理领域提供帮助，或在其中发挥桥梁和中介作用。1998年，日本制定了特定NPO法案并辅之以一系列的管理制度，开启了日本民间组织注册管理制度发展的新时期，让民间组织具备了合法地位。同时，日本的税法修正案为公民社团的税收优惠政策奠定了法律基础。从社区治理来看，日本社区治理方面的最大特色在于形成了行政自治的混合模式，政府对社区发展的干预较为宽松。在城市基层社区层面，最基本的自治组织是町内会，1991年日本国会在修改地方自治法时，将町内会作为地缘群体写进了该法的附则中，正式确立了町内会的民间地位，表明了政府向民间让渡管理空间下放权力的意向。日本的社区治理在本质上体现了国家主导和社会自治相互交织的两重性，使得公民对社区自治拥有更多的自主权。

3. 行政主导式的社区治理模式

该模式的典型代表国家是新加坡。新加坡社区治理的显著特征是政府和执政党的强介入，具有浓厚的行政色彩。新加坡自上而下有一套完整的社区管理组织系统，包括国家层面的社区发展、青年和体育部以及人民协会，地区层面的社区发展理事会，社区层面的公民咨询委员会、居民联络所以及居民委员会或邻里委员会等，各级组织形成直接或间接的上下隶属关系。有关社区建设发展的事务，由政府部门规划、组织实施和协调，社区建设和治理的经费也主要来自政府的财政拨款。虽然新加坡城市社区治理中集权色彩较浓，但在执政党和政府的倡导和推动下，新加坡的民间组织乃至企业等其他社会组织及社会义务工作者等都积极参与社区治理，共同构成了新加坡的社区治理体系。

（二）国内实践

早在 2003 年，张康之就提出"公共管理是人类社会的一种新型的社会治理模式，它的出现是市场经济发展的必然结果。在市场经济的发展中，存在着深刻的市场经济与传统的统治模式的矛盾，在解决这些矛盾的政治努力都宣告失败时，人类探索出了一条公共管理的路径。市场经济是与法治联系在一起的，但对于公共管理来说，仅仅有了法治是不够的，在法治的制度框架下，还需要伦理的支持，才是完善的公共管理制度。公共管理意味着管理主体的二元化，即政府和社会自治型组织这两个主体的竞争与合作。人类的社会治理模式已经实现了从统治行政向管理行政的转型，而公共管理的出现则意味着管理行政发展到了它的最高阶段。公共管理是这样一种社会治理方式，在初期阶段虽然是以政府这一治理主体为核心，但是由于社会自身的治理主体出现，已经向人们展示了社会自治的曙光。这样一来，管理行政赖以隔离社会的根据开始动摇，社会可以通过自治这一方式积累和逐渐塑造出一种普遍的合作精神"[1]。2012 年，张康之又再次强调"合作治理是社会治理变革的归宿"，他认为"从现实来看，后工业化已经造就了新的社会形态，在社会治理的意义上，已经呈现给我们多元治理主体并存的局面。从这一现实出发，我们需要建构的是一种合作治理模式"[2]。

2008 年郑巧等基于服务型政府是一种全新的行政理念和政府模式，蕴含着公民本位、公平正义、公共服务、公共责任等价值诉求这一思考，

---

[1] 张康之：《社会治理中的价值》，《国家行政学院学报》2003 年第 5 期。
[2] 张康之：《合作治理是社会变革治理的归宿》，《社会科学研究》2012 年第 3 期。

在分析了协同和治理理论的基础上，提出了协同治理的思想，并认为它能最大限度地维护和增进公共利益之目的；同时提出优化社会治理资源、创新社会管理体制、创造社会良性资本、发展基层民主政治等，是实现服务型政府协同治理的现实选择。①

在现实层面，杭州、深圳等地进行了有益的探索。

1. 杭州的社会复合主体治理创新

杭州在面临工业化、城镇化和信息化社会的转型过程中，提出社会复合主体的崭新发展思路，将提升城市生活品质，进而推动政府自身的改革和创新作为城市发展目标。在社会复合主体系统中，政府主导力、企业主体力、社会运作和市场配置资源能力的三力合一，政府在宏观控制和战略决策层面发挥主导作用，而企业和社会组织则着力于微观资源的配置与生产。鉴于其在城市公共事务治理方面的革新，"杭州模式"不同程度地被一些城市所效仿与借鉴。但由于该模式还处在探索的初级阶段，如何结合中国城市实际，完善复合治理机制，还有待进一步探索和研究。

2. 深圳市盐田区的社区治理体制改革

深圳市盐田区的社区治理体制改革始于 1999 年，其最大的特点是妥善地处理了行政权与自治权的关系。一方面创建了标志政社分离的"一会两站"的社区治理新模式，即由社区居委会、社区工作站和社区服务站共同组成的社区组织体系；另一方面直接选举了回归基层群众性自治组织的社区居民委员会，使社区建设逐渐由政府主导变为社区主导，达到并推动社区居委会自治。基层政府部门摆脱了部分管理事务，增强了自身的执政能力和行政能力；社区居委会回归基层群众自治组织的地位，强化了自治功能，淡化了政府管理色彩。在明确了各自的角色和职责的基础上，政府部门和居民组织社区服务机构都积极地参与到社区治理之中，新的社区治理体制和机制也相应建立起来。

---

① 郑巧、肖文涛：《协同治理：服务型政府的治道逻辑》，《中国行政管理》2008 年第 7 期。

另外，王诗宗通过自己的调查总结了浙江省的 3 个案例，从第三部门的发展总结了温州商会的实践意义、宁波江北区的政府购买居家养老服务实践、温岭市民主恳谈会；而吴庆华则总结了温州多元主体中心的社会治理模式等。

七、社会治理评估

（一）国外相关的治理评估

最早确立完整的治理标准，并对主权国家的治理状况进行整体性评估的是一些著名的国际组织，例如联合国开发计划署（UNDP）、经济合作与发展组织（OECD）、世界银行（WB）等。据世界银行有关部门统计，目前经常使用的治理评估指标体系大概有 140 种。其中影响较大的有世界银行的"世界治理指标"（Worldwide Governance Indicators，WGI）、联合国人类发展中心的"人文治理指标"（Humane Governance Indicators，HGI）、联合国奥斯陆治理研究中心的"民主治理测评体系"（Measuring Democratic Governance）和 OECD 的"人权与民主治理测评"指标体系（Measuring Human Rights and Democratic Governance）。

世界银行的 WGI 体系研发较早，应用也比较广泛，从 1996 年开始世界银行就以此对 213 个国家先后进行过 7 次评估，这套评估指标体系包括发言权与责任性（Voice and Accountability）、政治稳定与无暴力（Political Stability and Absence of Violence）、政府效益（Government Effec-tiveness）、管制质量（Regulatory Quality）、法治（Rule of Law）、遏制腐败（Control of Corruption）。联合国人类发展中心的"人文治理指标"体系包括经济管理、政治治理和公民治理三方面的内容。联合国奥斯陆治理研究中心的评估体系根据穷人和性别优先的原则，围绕参与、代表、责任、透明、回应、效益、公正 7 个民主治理的要素确立了一整套别具特色的民主治理指标体系。

除了联合国系统和政府间组织的治理评估体系之外，一些社会组织和西方发达国家也纷纷根据自己的价值取向发展起各种专项的治理评估指标体系。其中影响较大的有大赦国际、透明国际、自由之家，以及美国国务院和英国发展署的各国人权和治理评估。

俞可平认为，"这些国际组织和西方机构研制的不同治理评估体系，其共同的地方，就是希望依据一套普遍适用的评价标准，对世界各国的治理状况进行测量。其最大的优点，是使得世界不同国家之间有一个衡量治理状况的共同尺度，借此可以对各国的治理水平和民主法治状况进行比较。然而，这个优点也恰恰是它们的最大不足"。俞可平总结了3个不足之处：（1）各民族国家在历史文化、政治制度和经济发展水平等方面存在着巨大的差异，很难用一个普遍的标准加以测量；（2）这些评估所必需的基本数据和调查材料往往难以获得，即使能够获得相关数据，也往往既不全面也不准确；（3）这些国际组织大多为西方发达国家所控制，其评估体系也多为西方专家学者研制，即使研制人员主观上努力想做到"价值中立"，最终的评估标准也难免受西方中心主义价值观的影响。①

（二）国内相关的治理评估

2008年，俞可平撰文专门阐释了"中国治理评估框架"，他认为中国治理评估框架应当包括以下12个方面的基本内容：公民参与、人权与公民权、党内民主、法治、合法性、社会公正、社会稳定、政务公开、行政效益、政府责任、公共服务、廉政。②

2012年，中央编译局"中国社会管理评价体系"课题组在《中国治理评论》上发表了《中国社会治理评价指标体系》一文，该文"阐述了中国社会治理评价的目标和原则，同时提出了一个包含人类发展、社会公平、公共服务、社会保障、公共安全和社会参与6个基本维度的中国社会

① 俞可平：《中国治理评估框架》，《经济社会体制比较》2008年第6期。
② 俞可平：《中国治理评估框架》，《经济社会体制比较》2008年第6期。

治理评价指标体系，并介绍了中国社会治理指数的测评方法"①。具体如下：

"中国社会管理评价体系"课题受国家有关发展部门委托，并得到联合国开发计划署的支持，由中央编译局比较政治与经济研究中心和清华大学凯风发展研究院政治发展研究所联合承担，课题总负责人为我国著名的政治学者、中央编译局副局长俞可平教授。课题组认为"设置科学合理的社会治理评估指标，首先，有利于纠正重政府管制轻公共服务、重政府统治轻社会自治、重社会稳定轻公民参与的偏差，实现管制与服务、统治与自治、政府与民间、维稳与维权之间的平衡。其次，是为了认清社会管理和社会治理中存在的问题，寻找社会建设和社会发展的薄弱环节，及时调整政府的社会政策，从而改善社会管理和社会治理。最后，是为了发现社会管理创新和社会治理改革中的先进案例和榜样，及时推广社会管理和社会治理的创新经验，从整体上提高国家的社会治理水平"。

该课题组提出社会治理评估应当遵循的四个原则：（1）既立足于我国改革开放的实践，又充分借鉴国际上的治理评估经验；（2）既要反映政府管理社会的水平和进展，又要体现社会自治的水平和成就；（3）应当吸收治理评估指标设计的先进理念，符合科学性的要求；（4）必须具有简便性、实用性和可操作性。

中国社会治理评价指标体系包括1个一级指标即中国社会治理指数（China Social Governance Index，CSGI），6个二级指标即人类发展、社会公平、公共服务、社会保障、公共安全和社会参与，以及35个三级指标。

其中，二级指标是整个评价指标体系的关键性支柱。第一个二级指标为"人类发展"，课题组在借鉴联合国人类发展指数的测量指标基础上，选取了4个指标"人均可支配收入、平均受教育年限、平均预期寿命、居民幸福感"来衡量人类发展状况。第二个二级指标为"社会公平"，课

---

① 中国社会管理评价体系课题组：《中国社会治理评价指标体系》，见俞可平主编：《中国治理评论》（第2辑），中央编译出版社2012年版。

题组选取了5个子指标：城乡居民收入比、基尼系数、高中毕业生的性别比系数、县处级以上正职领导干部中女干部比重、居民公平感。第三个二级指标为"公共服务"，课题组选取了6个子指标：基本公共服务支出占财政总支出比重、人均基本公共服务支出、人均公共服务设施指数、一站式服务普及率、失业率、居民对公共服务的满意程度。第四个二级指标为"社会保障"，课题组选取了5个子指标：基本社会保险覆盖率、住房支出占人均可支配收入比例、社会救助比例、低保标准与人均消费支出比、居民对社会保障水平满意度。第五个二级指标为"公共安全"，课题组选取了6个子指标：万人刑事案件发案率、万人治安案件发案率、非正常死亡率、群体性事件数量、万人恐怖袭击伤亡人数、居民安全感。第六个二级指标为"社会参与"，课题组选取了9个子指标：万人社会组织数量、万人志愿者数量、政府购买社会组织公共服务支出占公共服务支出比重、居民委员会直选率、居民参选率、重大决策听证率、预算制定过程中的公众参与率、媒体监督的有效性、居民对参与社会管理的满意度。

同时，该评价体系包括主观评价指标和客观评价指标两个部分，课题组通过问卷调查和统计数据两种方法采集数据，如向统计部门、教育部门、财政部门、公安部门等多个行政部门收集统计数据。课题组采取常用的专家打分法（即 Delphi 法）确定各级指标的权重，并且对主观指标和客观指标进行科学合成和综合评估。

最后，课题组介绍了中国社会治理指数的测评方法：从人类发展、社会公平、公共服务、社会保障、公共安全和社会参与6个维度测量的综合性指数，每一维度都是构成具体方面的分指数，每个分指数又由若干个指标合成。其测评方法主要借鉴了联合国人类发展指数（HDI）的测量方法，此种方法测算的指数不仅横向可比，而且纵向可比；不仅可以比较各参评单位社会治理指数相对位次，而且也可以考察每个参评单位社会治理的历史进程。

另外，黄玲尝试以云南地区为例，探讨了云南的边疆治理绩效的评估状况。主要从衡量边疆发展绩效的指标、衡量民族团结程度的指标和衡量国家安全程度的指标 3 个维度设计边疆治理政策的绩效评价指标体系，根据管理学上的关键因素评价法（即 KPI 法），选择可以基本上反映边疆治理效果的指标。其中，衡量边疆发展绩效的指标具体从经济发展水平、社会管理与公共服务水平两个方面来选择；衡量民族团结程度的指标从社会公平正义水平和群众生活水平两方面来反映；衡量国家安全程度的指标从政治认同水平和干群关系水平两个方面来衡量。四级指标中又包括 41 个子指标。[①]

黄玲对云南省治理效能的数据收集主要是两个途径：一是利用国家和云南省统计系统公布的调查数据进行分析，主要数据来自《中国统计年鉴 2010》《云南省 2009 年财政预算执行情况和 2010 年财政预算报告》《云南省 2010 年工作报告》；二是问卷调查的方法。在分数的计算方面，总体上将治理政策效能的分值以百分制计算，其中"衡量边疆发展绩效的指标"占 40 分，"衡量民族团结程度的指标"占 30 分，"衡量国家安全程度的指标"占 30 分；在选择的指标中有"顺指标"和"逆指标"，两种指标的计算方法不同。

在实践领域，伍彬总结了杭州市针对市直属单位和区、县（市）在社会评价、目标考核、领导考评及创新创优 4 个维度上的综合考评体系，在总结了其 11 年成果的基础上进一步提出 6 个方面的改进方向，其中包括"建立政府服务质量评价指标体系""推进综合考评法制化"等。[②]

目前，由于各方面的原因，学术界对社会治理的指标体系进行讨论和建构的研究成果极少，虽然有部分地方政府和学者使用"社会治理评价""政府绩效考核"等关键词作为研究成果的主题词，然而其研究较为落后，缺乏真正地对社会治理理论的使用和探讨，国内也没有现成可用的相关的测量指标。因此，可以说中央编译局"中国社会管理评价体系"课

[①] 黄玲：《当代边疆省域社会治理政策绩效评价研究——以云南省的实践探索为例》，硕士学位论文，云南大学公共管理学院，2011 年。
[②] 伍彬：《以综合考评为平台，不断提升政府公共服务能力：杭州市综合考评创新》，见俞可平主编：《中国治理评论》（第 2 辑），中央编译出版社 2012 年版。

题组和黄玲在此方面做了非常有意义的尝试。

八、社会治理创新研究

早在 2007 年就有部分学者开始关注社会治理创新，如肖文涛、康之国等。肖文涛认为，与过去的社会治理模式相比，当代社会治理创新的内涵可以概括为三点：（1）社会治理的主体多元化且多元治理主体之间形成了互助合作关系；（2）社会治理的手段复合化并形成覆盖全社会的立体治理网络；（3）社会治理的目的在于促进社会公平，实现人的全面发展。当代社会治理创新应具有如下四个基本特征：（1）在价值取向上坚持以人为本；（2）以法治为前提来推进运行；（3）主体相互协作和参与管理公共事务；（4）过程的互联、互补、互动性，实现路径具有动态性和权变性。肖文涛在分析了我国当前社会治理所面临的困境的基础上，提出了推进社会治理创新的五个政策选择：（1）构建适合国情的社会治理模式，优化社会治理结构；（2）培育和规范公民社会组织，提高社会自治能力；（3）制定并实施公共服务均等化标准，采取突出社会公正的社会政策；（4）建立健全同现阶段社会结构相适应的社会控制体系，完善社会管理机制；（5）加强社区建设和管理，发展基层民主政治与治理。[①]

康之国主要着眼于地方政府的社会治理创新问题，他认为当下我国地方政府在治理中面临诸如社会治理创新中的理念偏差、社会治理创新能力的缺失、社会治理资源的缺乏等困境，因而地方政府实现社会治理创新的路径选择就是树立社会治理的新理念、提高社会治理创新的能力、进一步转变社会管理职能、大力发展和培育非政府组织、整合社会治理资源等。[②]

韩庆祥认为"《中共中央关于全面深化改革若干重大问题的决定》提

---

① 肖文涛：《社会治理创新：面临挑战与政策选择》，《中国行政管理》2007 年第 10 期。

② 康之国：《社会治理创新与地方政府治理的路径选择》，《中共天津市委党校学报》2007 年第 2 期。

出了创新社会治理体制的理念和目标，即必须着眼于维护最广大人民根本利益，最大限度地增加和谐因素，增强社会发展活力，提高社会治理水平，全面推进平安中国建设，确保人民安居乐业、社会安定有序。这一理念和目标，实质是坚持增强社会发展活力与增加社会和谐因素的统一，坚持促进社会发展与人的发展的统一，体现了在发展中保持和谐与在和谐中推进发展的辩证统一，对克服重经济发展轻社会发展的倾向具有积极意义，是一种积极的发展观、和谐观"。韩庆祥还提出改进社会治理方式、激发社会组织活力、创新化解矛盾体制、健全公共安全体系4种办法来具体进行社会治理创新。①

江必新等认为，"我国社会治理创新经历了一个逐步发展的过程，不同的历史时期社会治理创新的侧重点有所区别。随着社会的发展与我党治理能力的提升，社会治理创新日益受到重视，且任务逐步系统化、清晰化。具体而言，当前社会治理创新的主要任务就是保障和改善民生，促进社会公平正义，增强社会发展活力，促进社会和谐稳定"。当前社会治理创新的主要内容包括：（1）推进社会事业改革创新，保障和改善民生，促进社会公平正义；（2）创新社会治理体制，增强社会发展活力，促进社会和谐稳定。另外，江必新等还强调在进行一般制度建设的同时，也必须高度重视社会治理主体制度、公开制度、社会协商制度和责任制度等制度建设。②

林闽钢从政府这一主体的角度出发总结道，"从社会治理来看，长期以来我国社会管理还存在一些突出问题。当前，强调创新社会治理，就是要走出社会管理的误区，从单向的、强制的、刚性的社会管理模式，向复合的、合作的、包容的社会治理模式转变……从社会管理到社会治理转变的过程，就是要摆脱维稳体制所对应的各种应急管理状态，迈入社会治理的日常性、基础性的大服务和大协同的新境界"。创新社会治理，需要着

---

① 韩庆祥：《为什么要创新社会体制》，《光明日报》2013年12月12日。
② 江必新、李沫：《论社会治理创新》，《新疆师范大学学报（哲学社会科学版）》2014年第2期。

重做好以下四个方面的工作：转变僵硬的维稳观，构建制度化消解路径，实现政府治理和社会自我调节、居民自治良性互动，努力追求"和而不同"的善治目标。①

俞可平立足我国最近几十年的发展历程认为，"经过35年的改革开放，中国特色的社会主义现代化进入一个新的发展阶段。社会中不同的利益群体已经形成，各种利益冲突日益明显。这就意味着我们在国家治理体制和能力方面，正面临着诸多新的严峻挑战。仅以政府治理和社会治理为例，我们就可以发现存在着许多亟待解决的突出问题，包括选举、协商、决策、监督等基本民主治理制度还不健全，公共权力还没有得到有效的制约，公民参与的渠道还不畅通，公共利益部门化现象相当严重，官员的腐败和特权屡见不鲜，政府的公共服务还相当不足，动态稳定的机制尚未完全确立，政治透明程度相对较低，行政成本高而效率低下，社会组织发育不健全，社会自治的程度相当低，主要公共权力机关之间的关系还不够协调等等"。从而从推进国家治理体系和治理能力现代化的角度提出了六点措施：进一步解放思想，努力冲破不合时宜的旧观念的束缚；加强顶层设计，从战略上谋划国家治理体系的现代化；总结地方治理改革创新经验，及时将优秀的地方治理创新做法上升为国家制度；结合我国的具体国情，学习借鉴国外政府治理和社会治理的好经验；坚决破除阻碍社会进步的体制机制，建立和完善与中国特色社会主义现代化要求相适应的现代国家治理体制；破除官本位观念，消除官本主义流毒。②

黄毅等将我国相当长时期的行政管理模式称为"总体—支配型"管控模式，认为"在国家给定的社会治理总体布局下，当前我国地方政府社会治理创新的行动逻辑呈现出一种'总体—支配型'管控特征，而由此种特征带来了公共服务效能难以提升、'刚性稳定'思维中运动式治理突出、'条块'关系矛盾所导致的治理机制无法整合与优化、服务型社会

---

① 林闽钢：《社会治理创新的四个关键点》，《中国社会科学报》2013 年 12 月 2 日。

② 俞可平：《推进国家治理体系和治理能力现代化》，《前线》2014 年第 1 期。

组织培育的制度性困境重重以及规范化的治理效能评估体系与服务购买项目评估机制难以建立等诸多问题，成为了当前我国地方政府社会治理创新的主要行动困境"，并提出应着力于由"总体—支配型"的管控行动逻辑迈向"技术—治理型"的共享共治逻辑，具体提出了八点创新之处：实现"为民服务"思维向"与民服务"理念的转变、寻求社会治理方式的柔性化转变、以"协同政府论"促进社会治理体制的优化、夯实基层服务型社会组织的培育和发展工作、努力提高居民社区参与的投入度、积极建立健全专业社会工作的规范机制、加快建立社会治理效能评估的指标体系、设立政府购买公共服务的项目评估机制。[①]

陈明明通过对比中西社会治理理论提出的背景认为，"西方人之所以主张以治理替代统治，是现代工业民主国家经历市场失灵和政府失灵双重失败的结果……在中国，人们面临的问题不是工业民主国家式的市场失灵和政府失灵，而是社会转型中市场机制的不成熟和政府监管责任的缺失……因此，在中国语境中，治理不仅具有充分释放市场机制、限制政府不当干预的意义，还有如何在市场体制环境下进一步改进和加强政府宏观调控的问题"，这也是中国问题区别于西方国家的治理问题的核心所在，当然也是中国治理创新的意蕴所在。[②]

姜晓萍同样将我国当下的社会治理放在治理现代化的逻辑之内，姜晓萍指出"目前我国社会治理中存在'稳'诉求大于'维权'诉求，导致社会治理的价值理性迷失；党政包揽替代多元协同，导致社会治理新格局难以形成；风险控制重于社会建设，导致社会治理的路径依赖本末倒置；'即兴式'举措多于制度规范，导致社会治理体制的法治保障不足等误区"，因此她认为应该从完善社会政策体系、构建公民权利保障体系、优化基本公共服务体系、强化社会组织培育体系、建立社会行为规范体系、创新社会治理体系、巩固公共安全体系、健全社会风险预警与应对机制8

---

① 黄毅、文军：《从"总体—支配型"到"技术—治理型"：地方政府社会治理创新的逻辑》，《新疆师范大学学报（哲学社会科学版）》2014年第2期。
② 陈明明：《治理现代化的中国意蕴》，《人民论坛》2014年第4期。

个方面推进社会治理体系和治理能力现代化的实施策略。[①]

卢福营从农村治理的角度思考社会治理创新的路径，认为"创新的可扩散性实质是创新的核心内容、主要原则和精神实质在时间上的可持续性、在空间上的可复制性。创新的可持续性是从时间维度上表达的创新存续性、持久性问题，创新的可复制性则是从空间维度上表达的创新辐射性、延展性问题"，因此促进农村基层社会治理创新的扩散需要充分认识创新扩散的社会价值，合理建构创新扩散的运行机制，努力营造创新扩散的良好环境。[②]

当然，也有学者提出现代社会治理的难题，如王道勇认为，"现代社会治理成败的关键在于能否形成真正意义上的社会合作……从人们采取合作行为的基本动力来看，人类历史发展历程中共出现了三种社会合作形式：（1）自发性合作；（2）自觉性合作；（3）自为性合作。在当代中国，以上三种社会合作形式在社会治理中都没有发挥其应有的作用，从而使社会治理中的社会合作问题尤其突出"[③]。

九、我国社会治理的新形势

习近平同志在党的十九大报告中围绕建设平安中国、加强和创新社会治理作出一系列重要部署，提出一系列重要举措。其中一项重要任务，是加强和创新社会治理，维护社会和谐稳定。完成好这项任务，需要认真分析我国社会治理形势发生的新变化，弄清社会治理面临的新问题、新挑战，以习近平新时代中国特色社会主义思想指导新时代的社会治理创新，打造共建共治共享的社会治理格局。

（一）社会治理形势的新变化

改革开放 40 多年来，我国改革发展实践取得的一条非常重要的经验，

---

① 姜晓萍：《国家现代化进程中社会治理体制创新》，《中国行政管理》2014 年第 2 期。
② 卢福营：《论农村基层社会治理创新的扩散》，《学习与实践》2014 年第 1 期。
③ 王道勇：《社会合作：现代社会治理的最大难题》，《学习时报》2014 年 3 月 3 日。

就是在改革和发展的同时保持社会的和谐稳定。在保证社会和谐稳定的同时也在不断激发社会活力。特别是党的十八大以来，我国坚定不移地走中国特色社会主义社会治理之路，善于把党的领导和社会主义制度优势转化为社会治理优势，不断完善中国特色社会主义社会治理体系，把平安中国建设放在重要的位置上，强调发展是硬道理、稳定也是硬道理，社会治理形势出现一系列积极变化。

第一，社会治理形势出现根本性好转。近五年来，我国打破了犯罪率随着现代化推进必然升高的西方"魔咒"，严重暴力犯罪案件、群体性事件、信访总量、非正常上访量等社会秩序的关键性指标同时出现下降趋势，特别是成为世界上命案发案率最低的国家之一。同时，互联网依法治理初见成效，虚拟社会不再是法外之地。根据中国社会科学院全国社会状况综合调查的结果，2013—2017年，我国城乡居民的总体社会安全感有所上升，特别是个人和家庭财产安全感、人身安全感明显提升。

第二，新的社会治理体制基本形成。我国已基本建成党委领导、政府负责、社会协同、公众参与、法治保障的社会治理体制，提高了社会治理社会化、法治化、智能化、专业化水平，形成了预防和化解社会矛盾机制、社会治安防控体系、安全生产责任制、社区治理体系和国家安全体系，增强了全社会防范和抵御安全风险的能力。

第三，初步形成共建共治共享的社会治理格局。在现代社会治理中，政府是社会治理的主导力量，但已不是社会治理的唯一主体，企事业单位、社会组织、城乡社区居民组织、社会公众等都成为参与社会治理的力量。社会治理的广泛社会参与，有效降低社会治理的行政成本，提高了社会治理效益，初步形成共建共治共享的社会治理格局。

第四，在多个社会治理领域出现积极的重要转折点。中国特色社会主义进入新时代，我国经济社会发展也进入新时代，在城镇化进程、人口结构、职业结构、劳动力供给、收入分配、消费方式等领域都出现了一些积极的重要转折点，对社会治理形势产生深刻影响。

（二）社会治理面临的新问题、新挑战

习近平同志在党的十九大报告中指出，中国特色社会主义进入新时代，我国社会主要矛盾已经转化为人民日益增长的美好生活需要和不平衡不充分的发展之间的矛盾。

第一，深刻的经济社会变革对社会治理提出新问题、新挑战。改革开放以来，随着经济体制变革和经济持续增长，我国社会也发生巨变，如阶层结构和利益格局复杂化，财富和收入差距较大；家庭小型化、单身家庭、单亲家庭、空巢家庭等不断增多等。这些深刻的社会变化加大了社会治理难度，对社会治理体系和治理能力提出了新问题、新挑战。

第二，人民日益增长的美好生活需要对社会治理提出新问题、新挑战。随着基本物质生活需要得到满足，人们对生活质量有了更高的要求。如更加重视与健康有关的食品安全和医疗安全；更加渴望看得见蓝天、呼吸清新的空气、饮用清洁的水，生态环境污染和恶化成为社会关注的焦点问题；等等。这些社会生活层面的新变化，也对以解决民生问题为重点的社会治理提出新问题、新挑战。

第三，人们对主观感受和价值追求的重视对社会治理提出新问题、新挑战。随着物质需要逐步得到满足，人们有了更高的社会心理需要。面对快节奏、工作压力大、由陌生人构成的现代社会，人们的心理孤独、抑郁、压力、焦虑需要疏导，也更希望有获得感、幸福感、安全感、公平感。而且，随着经济发展和社会进步以及教育文化水平普遍提高，人们的民主意识、法治意识、权利意识、社会参与意识都在日益增强。这些社会心态层面的变化，也对社会治理提出新问题、新挑战。

第四，网络社会的兴起对社会治理提出新问题、新挑战。互联网的快速发展造成无限扩展的虚拟社会空间，在给人们生活带来无数方便的同时也带来新的社会治理问题和挑战。特别是以手机为基本平台的网络社会，使人们的生活步入实时、交互、快捷、高频的"微时代"，自主开放的自媒体话语权、真假难辨的海量信息等，使网络社会与现实社会高度互动。

这使社会舆论、社会情绪甚至社会行为以新的机制形成，传统的社会管理已难以奏效。网络社会治理成为考验社会治理体系和治理能力的热点、焦点和难点问题。

第五，新型社会风险对社会治理提出新问题、新挑战。当今世界，现代化的推进特别是新科技不断产生，在推动经济社会发展的同时，也使人类社会进入现代"风险社会"。现代风险不同于传统风险的最大特征就是不确定性和难以预测性，其迅速而广泛的传播可能造成大范围社会恐慌。如未知流行病和生态环境危机引发的社会恐慌；股灾、债务危机等金融风险可能导致的社会恐慌等。新型社会风险带来的新问题、新挑战，考验着各国的社会治理。

（三）社会治理的新思路

面对我国社会治理形势的新变化以及出现的新问题、新挑战，我们要以习近平新时代中国特色社会主义思想为指导，按照党的十九大的部署和要求，加强和创新社会治理，打造共建共治共享的社会治理格局，把社会治理的新任务、新要求、新举措落实到具体工作中，维护社会和谐稳定，确保国家长治久安、人民安居乐业。

一是完善社会治理体制。党委领导、政府负责、社会协同、公众参与、法治保障的社会治理体制，是中国特色社会主义国家治理体系的重要组成部分，同时也要注重动员各种社会力量参与社会治理，发挥社会组织作用，实现政府治理和社会调节、居民自治的良性互动，形成有效、管用、节约行政成本的社会治理机制。

二是积极回应人民的新期待。适应人民群众对平安生活的新要求，加快社会治安防控体系建设，依法保护人民人身权、财产权、人格权。健全公共安全体系，完善安全生产责任制。适应人民日益增长的美好生活需要，不断促进社会公平正义，形成有效的社会治理、良好的社会秩序、和谐稳定的社会环境，使人民获得更多的幸福感和安全感。

三是推动社会治理重心向基层下移。加强社区治理体系建设，推动社会治理重心向基层下移。围绕乡村振兴战略"产业兴旺、生态宜居、乡风文明、治理有效、生活富裕"的总要求，加强农村基层基础工作，健全自治、法治、德治相结合的乡村治理体系。

四是大力推进依法社会治理。把全面依法治国基本方略落实到社会治理实践中。社会治理的主体要尊法学法守法用法，依法进行社会治理，保证人民依法通过各种途径和形式管理国家事务，管理经济文化事业，管理社会事务。擅于运用法治思维、法治方式解决社会治理问题。

五是营造清朗的互联网空间。维护国家互联网主权，加强互联网内容建设，建立网络综合治理体系。依法加强网络社会治理，加强对网络新技术新应用的管理，确保互联网可管可控。推动互联网全球治理体系变革，深化网络空间国际合作，携手构建网络空间命运共同体。①

第二节　社会组织

20 世纪 80 年代以来，在全世界范围内掀起了一场结社高潮，非政府组织在这一时期取得了突飞猛进的发展。正如当代著名公共管理学家莱斯特·M. 萨拉蒙在其研究成果《非营利部门的崛起》中所说的那样，"一个由非营利组织发动的全球结社革命（Global Associational Revolution）正方兴未艾，这场革命对 20 世纪后期世界的重要性丝毫不亚于民族国家的兴起对于 19 世纪后期世界的重要性。"②

在 1972 年的联合国人类环境大会上，来自世界各国的非政府组织代表汇聚一起召开了历史上著名的首次非政府组织国际会议——"环境NGO 论坛"。其在国际政治舞台上的首秀，立即引起了人们对于这个存在于政治、经济组织之外的特殊部门的广泛关注。此后现代形式的各种非政

---

① 李培林：《用新思想指导新时代的社会治理创新》，新华网，2018 - 02 - 06，见 http://www. xinhuanet. com/politics/2018-02/06/c_ 1122373797. htm? from = singlemessage。

② ［美］莱斯特·萨拉蒙：《非营利部门的崛起》，谭静编译，《马克思主义与现实》2002 年第 3 期。

府组织如雨后春笋般迅速发展起来，并开始在相关国家与地区的经济社会发展中扮演着重要的角色。

与其他国家和地区一样，伴随着我国改革进程的日益深化以及全球结社浪潮的高涨，我国的社会组织也在 20 世纪 80 年代后进入新的发展高潮。尤其是近年来我国社会组织蓬勃发展，各种基金会、商会、协会等以非政府性、非营利性、社会性为特征的组织形式大量涌现，遍及我国社会生活的各个领域。这些组织又称"非政府组织""非营利组织""社会组织""民间组织""第三部门"等，泛指那些在社会转型过程中由各个不同社会阶层的公民自发成立的，在一定程度上具有非营利性和社会性特征的各种组织形式及网络形态。

一、社会组织的内涵

在国内，学者们关于社会组织的定义大体可划分为两种：第一种是政治意义上的社会组织，强调"公民性"，主要由保护公民权利和公民政治参与的民间组织构成；第二种则更多是社会学意义上的社会组织，强调"中间性"，即倾向于社会组织是介于国家和企业之间的中间领域。尽管东西方学者对此称谓不一，但从本质上他们都认为社会组织是独立于政治国家之外的，居于政府和市场之间的，不同于政府组织与企业组织，是为政府和市场提供中介服务的。

张尚仁从我国的情况出发，认为"社会组织"概念有广义与狭义之分。广义的"社会组织"泛指社会上的一切组织；狭义的"社会组织"则专指与政治和经济组织相对应和区别的其他各类组织。① 郑杭生则认为，广义的社会组织泛指一切人类共同活动的群体，包括家庭、家族、村社等初级群体；而狭义的社会组织即相对于初级群体的次级组织形式，也称正式社会组织，主要指人们为了实现某种共同目标而彼此联合起来所形

---

① 张尚仁：《"社会组织"的含义、功能与类型》，《云南民族大学学报（哲学社会科学版）》2004 年第 2 期。

成的社会团体。① 康晓光则从公民社会的角度出发，把社会组织分为"政府组织"和"非政府组织"，而非政府组织又可分为"营利组织"和"非营利组织"。最后利用排除的方法得出社会组织的含义，即社会组织是排除了政府组织和营利组织的非营利组织。② 俞可平尽管与康晓光一样从公民社会入手，但不同的是，他把公民社会看成是国家或政府之外的所有民间组织或民间关系的总和，把社会组织看作包括非政府组织（NGO）、公民的志愿性社团、协会、利益团体和公民自发组织起来的运动等介于政府与企业之间的"第三部门"。③ 也有学者将社区公民由于共同的兴趣爱好或生活习惯而自发成立的主要集中于城乡社区的社区基层组织以及按照工商企业形式在各级民政管理部门登记注册的、以非营利性活动为主的兼具经营性与公益性的工商注册非营利机构归于其中。④ 社会组织概念的混乱不仅让各式各样的社会组织处于"失范"的状态，而且不利于社会组织在当前的社会转型期发挥其正面功能，因此，当前我国社会主义社会转型期社会组织的概念厘清工作显得尤为必要。

关于社会组织的研究还有很多，对社会组织概念的界定可谓五花八门。客观地讲，各式各样的社会组织概念没有正误、优劣之分，它们只不过是在不同的社会语境中为不同的研究目的做出的不同选择。本书研究的重点在于如何将社会组织和社会治理理论有效地融合起来，为当前极为重要的社会治理作出应有的贡献。因此，依据本书的研究目的和当前我国的社会语境，本着本土化的原则，可以认为我们现在常说的社会组织主要指除市场和政府之外（既不隶属于政府也不隶属于企业）的非营利组织、非政府组织、民间组织或第三部门的统称，即与政治和经济组织相对应和区别的其他各类组织。这一概念有狭义与广义之分：狭义的社会组织即根

---

① 郑杭生主编：《社会学概论新修（第三版）》，中国人民大学出版社 2003 年版，第 173 页。

② 康晓光：《权利的转移》，浙江人民出版社 1999 年版。

③ 俞可平：《中国公民社会的兴起与治理的变迁》，社会科学文献出版社 2002 年版。

④ 王名：《社会组织概论》，中国社会出版社 2010 年版，第 8 页。

据我国社会组织的相关法律法规，在各级民政管理部门登记并注册的社会团体、基金会和民办企业单位。广义的社会组织则泛指社会上的一切组织。我国常说的社会组织主要指狭义的社会组织。

二、社会组织的属性

通过之前对社会组织概念的界定，我们可以看出这些非政府、非企业的民间组织所具有的某些共性，即社会组织的性质。美国著名社会学家莱斯特·M. 萨拉蒙将社会组织的特性归结为组织性、民间性、非营利性、自治性和自愿性五个方面：（1）组织性，即强调在西方公民社会下的公益组织必须建构一系列的组织规章制度及运作体系来保证这个组织的健康运转；（2）民间性，则是指西方的社会组织在隶属关系上与政府、企业的剥离，独立于政治与经济之外的第三领域，自行决定或处理本组织的事务，而不受来自制度、政策或市场的影响及约束；（3）也代表着本组织自身的自治性；（4）非营利性，指作为社会组织，其存在或运转的目标并非为了追求利益收入；（5）自愿性，表明社会组织对于成员的吸纳招募本着尊重成员个人意志的原则，自由决定一定程度上的精力与物质的捐赠。①

关于我国社会组织的性质，清华大学 NGO 研究所王名教授就根据我国社会组织的独特运转及发展环境，将其基本属性概括为：（1）非营利性，即在市场经济条件下，与企业追求利润为最终目标不同，社会组织不以营利为目的，而是以实现整个社会的公共利益为价值导向。同时不能进行剩余利润的分红及不得将组织的资产转变为私人资产；（2）非政府性，则主要强调他们不是政府机构或者其附属部分，是独立自主的自治组织，是自上而下的民间组织，属于竞争性的公共部门，而非国家政权的组织形式或以政权为轴心的公共部门；（3）志愿性或互益性，主要指志愿者和

---

① ［美］莱斯特·M. 萨拉蒙：《全球公民社会——非营利部门视角》，贾西津、魏玉等译，社会科学文献出版社 2002 年版。

社会捐赠是社会组织的重要社会资源，其运转过程具有社会公开性与透明性。

综上可见，国内外诸多学者的观点对社会组织特性的认识基本一致。我国社会组织的性质包括以下几个方面：

（一）非营利性

改革开放以来，我国逐渐形成了以市场经济体制为主的经济体系，市场经济的标志之一就是"利益"，市场组织本身就是建立在营利的目的之上的。而社会组织是不以追求利益最大化为目的的组织，其成立的目的在于为组织成员或社会提供一些公共性服务。主要是为了区别于企业而言的，把向社会公众提供公益和公共服务作为主要目标，而不以获取利润当作价值导向，通过社会募捐等来开展活动并致力于增进社会整体利益。因此，非营利性是社会组织的显著特征之一。

（二）非政府性

社会组织不依赖于财政供养，不代表官方意志，故能独立自主地从事社会管理活动。社会组织又可称之为民间组织，民间组织就是与政府相对应（而非相对立）的一种社会组织。政府组织是一个国家最重要的正式组织，主要负责国家的政治、经济、军事和文化事务，对于社会中一些不太重要的社会事务和领域，政府组织难以面面俱到，而社会组织正好弥补了政府组织的不足。社会组织广泛存在于民间，是公民为了一定目的而自发组织起来的，如社工机构就是这类组织的典型代表。因此，社会组织的另一特征就是非政府性。

（三）自治性（独立性）

社会组织是社会中某个群体为着自身特殊的目的建立起来的，并不受国家和政府直接管制和管理的，更不与不相关的人发生直接联系的组织。主要是指其拥有自己的组织机制、管理机制和独立的经济来源，无论是政治上、管理上还是财政上，都在一定程度上独立于政府之外，具有很大程度的自主性。社会组织可以独自处理各自的事务，并且能控制自己的活动，具有一定程度上的自治性。

（四）志愿性

社会组织的成员自主、自愿、自发参与社会公共文化事务的管理，以增进社会整体利益、促进社会的发展与进步为宗旨，凝聚共识，促进组织目标的实现或组织价值的维护。与政府组织的强制性相比，社会组织是一个在自愿原则基础之上建立起来的组织。组织者及组织成员志愿一起努力以期实现组织目标。因此，志愿性是社会组织的基础性特征。

（五）公益性

社会组织不是公共权力的代表，但却可以提供公共物品。如社会组织可以为政府、企业、社会单位和个人提供信息、技术、政策、咨询、培训、法律预测等各项服务。社会组织通过提供公益性活动和服务赢得政府和社会的承认。公益性是社会组织重要的特征之一。

三、社会组织的分类

对社会组织进行恰当的分类，是认识和研究社会组织、促进社会组织分类管理的科学化、合理化的基础。20世纪70年代以来，西方发达国家的社会组织在经济社会发展中扮演了越来越重要的角色，政府、企业、社会组织密切合作的三元并立的现代社会结构日渐清晰，但是基于各个国家在政治经济制度、经济发展程度等方面的差异，关于社会组织的分类方法也不尽相同。如按组织的规范程度可分为：正式组织、非正式组织；按组织的社会功能可分为：政治组织、经济组织、整合组织、文化维系组织；按组织对其成员的控制方式可分为：强制性组织、功利性组织、规范性组织；按组织目标与受益者的不同关系可分为：互利组织、营利组织、服务性组织、公益组织。

（一）国际分类体系

1. 国际社会组织分类体系（ICNPO）[①]

该体系是由美国约翰·霍普金斯大学非营利部门比较项目（CNP）开发，以国际标准产业分类体系为起点，更好地兼容了各个区域不同国家非营利组织机构的差异之处，并对国际标准产业分类体系中的某些笼统的类别进行增补，使之更加简洁、系统、全面地描述非营利部门的各组成部分。以经济性、显著性、精确性、完整性以及组织力量这 5 条标准[②]，将国际非营利组织（社会组织）分为文化和娱乐、教育和研究、卫生保健、社会服务、环境、发展和住宅、法律倡导和政治、慈善中介和志愿促进、国际、宗教、商业和职业协会、工会以及其他组织 12 大类。

国际上还流行过其他多种分类方式：

以地缘经济与政治结合的标准划分，可分为北方社会组织（发达国家的国际非政府组织）、南方社会组织（发展中国家的国际非政府组织）。前者以绿色和平国际、地球之友等为代表，特点是拥有资金、信息、专业人才、技术等方面丰富的资源，往往在国际舞台上具有很高的声望；而后者的国际性通常在于资金来源的国际化，一般规模小、分布分散、各类资源有限，所以国际影响不大。或者按照活动领域不同划分，又可以分为国际人权非政府组织、国际经济非政府组织、国际环境非政府组织等等。以活动范围不同划分，可分为区域性的和全球性的国际非政府组织。前者如太平洋经济合作理事会，其活动范围基本限于太平洋区域的国家和地区；后者如世界工会联合会，这是一个具有广泛代表性的国际工会联合组织。

此外有些学者也将欧共体经济活动产业分类体系（Statistical Classification of Economic Activities in the European Community）以及北美产业分类体系（North American Industry Classification System）作为国际非政府组织

[①] ICNPO 全称为 The International Classification of Non-profit Organization.

[②] 王名：《社会组织概论》，中国社会出版社 2012 年版，第 16 页。

分类的样板，但是实际上，我们并不能从中找到社会组织的分类依据，而这些分类标准也更多地被用于各国收集经济活动统计数据时的体系标准，因此，此处不加赘述。

2. 欧美国家社会组织分类体系

美国的社会组织理论研究起步早，相对也比较成熟，分类体系标准不一。如著名社会学家、结构功能主义学派的创始人之一帕森斯（Talcott Parsons）在社会组织研究方面就曾在他的著作《现代社会的结构与过程》一书中从系统论和功能论的观点出发，阐述了组织分析的 3 个维度、组织类型的 4 种分类。他认为组织的目标类型包括适应目标、实施目标、整合目标和模式维持目标；相应的，社会组织可分为经济生产组织、政治目标组织、整合组织和模式维持组织 4 种类型。① 美国另一位社会学家彼得·布劳（Peter Blau）则从社会组织运行的受惠者角度，把社会组织区分为互惠组织、服务组织、经营性组织和公益组织。互惠组织以组织成员的互惠互利为目的，比如工会、政党和俱乐部等；服务组织为人们提供专业性的服务，如医院、学校、社会工作机构、律师事务所等；经营性组织是营利性组织，如公司、企业等；公益组织以社会公众为受惠对象，政府机构、邮局等都属于这类组织。

而美国现行的对于社会组织的分类体系是由美国国家慈善统计协会（the Council of Charitable Statistic）提出的免税团体分类体系（the National Taxonomy of Exempt Entities），该体系根据各类社会组织的活动性质，将其分为教育、健康、精神保健、疾病援助、医学研究、犯罪与法律、就业、食品与营养、住房与收容、公共安全与灾难防御、休闲与运动、青少年发展、人力资源服务、文化艺术、环境保护、动物保护、国际问题、民权促进、社区改造、慈善事业、自然科学研究、人文科学研究、宗教服务、互益服务和其他公益活动 25 大类。

同样，面对数量众多、种类繁杂的社会组织，英国的社会组织分类体

---

① 王敏、章辉美：《帕森斯社会组织思想的几个问题》，《求索》2005 年第 6 期。

系也比较完善、标准不一。现行的分类体系是慈善救助基金会提出的，社会组织的活动领域包括动物、艺术、社区进步、教育、就业、一般福利、住宅、国际救援、医疗与健康、环境保护、休闲娱乐、宗教、心灵改造、青少年发展共 14 项内容。而在威尔士，慈善委员会（Charity Commission for England and Wales）登记的组织是由内陆税务局（Inland Revenue）认定，即注册的慈善团体。它们采用的分类标准是依据英国制定的世界上第一部慈善法《济贫法》前言的规定，其志愿性服务仅仅局限在救助穷人、宗教改革、教育改革以及社区的其他福利上。此外，英国现在并不单讲"志愿组织"，而是在正式法律文件中必须加上"社区"，登记为"志愿和社区部门"（Voluntary and Community Sector）。因此，英国的志愿组织也就是志愿和社区组织（Volunteer and Community Organizations，简称 VCOs）。①

　　法国的非营利部门在 20 世纪得到突飞猛进的发展，其非营利部门的支出一度占到全国 GDP 的 3.3%。主要以"社会经济"为代表，表现为四种类型：（1）合作组织，包括工人合作社、生产合作社和消费合作社，属于一种会员制的互益组织；（2）互助社，也是法国的非营利组织最传统的形式，主要涉及养老、医疗、保险等诸多方面；（3）信用合作社或合作银行；（4）非营利社团，此种社团种类繁多，且数量庞大。

　　3. 亚洲国家社会组织分类体系

　　在韩国，真正具有 NGO 性质的社会组织的出现其实最早可追溯到高丽时代，在朝鲜时代就有为穷人提供福利的民间慈善团体如"宝"。一般认为，韩国 NGO 一词的普遍使用始于 1987 年 6 月，包括 NPO、民间团体、市民团体、民众团体在内，大体可分为以下四类：第一类，以追求公共利益为主的 NGO 团体，包括社会行动 NGO 和社会服务 NGO；第二类，实现集团利益的团体，也被称为利益团体；第三类，各种同好会，其成立宗旨与政治、经济、社会问题无关，以成员特定的兴趣爱好为联系纽带；

----

　　①　丁开杰：《英国志愿组织联盟与志愿者参与实践》，《理论月刊》2009 年第 3 期。

第四类，除上述类型外的具有多重属性和特征的团体。①

日本的社会组织分类按照不同的标准，对日本的 NGO/NPO 可以有不同的分类方法。② 第一种，按主要活动领域可划分为开发、环境、人权以及和平 4 大领域。在开发领域，主要是在农村和城市贫困区从事地区开发、农业指导、保健医疗活动、普及教育、职业训练等活动；在环境领域，主要是致力于植树造林、保护森林、保持生态系统平衡等；在人权领域，主要是指难民、女性、儿童、残疾人、原住民、在日外国劳动者等的人权保护；在和平领域，主要是指裁军、禁雷、和平教育、选举监督等。第二种，按照活动形态可分为启发型、调研型、支援型、建言型、综合型、网络型等。第三种，根据关联对象可分为联合国 NGO、政府相关的 NGO 以及草根型 NGO 等。第四种，根据是否愿接受政府支援，还可以分为"重视结果型"与"观念型"。初期，日本的 NGO 是一种不愿接受政府支援的观念型 NGO，之后受欧美 NGO 的影响，开始从重视"理念型"渐渐地向"重视结果型"转化。第五种，从活动宗旨来看，又可以分为开发援助型、国际交流型、建言型以及国内教育型等。

（二）国内分类体系

伴随我国社会组织的迅速发展，近年来我国学者提出了多种分类方法。当前我国对于社会组织的分类方法主要有以下几种：

1. 官方分类体系

由我国的政府主管部门所做出的官方分类体系，即民政部注册登记的分类。该体系将社会组织分为社会团体、民办非企业单位以及各类基金会三大类。根据中国社会组织网站上公布的《社团登记管理条例》《民办非企业单位登记管理暂行条例》《基金会管理条例》可知：（1）社会团体，

---

① 洪静：《1987 年以来韩国 NGO 与政府关系》，《北京行政学院学报》2011 年第 2 期。

② 毛莉：《关于日本 NGO/NPO 对日本外交决策影响途径的研究》，外交学院 2009 年硕士学位论文。

即"中国公民自愿组成，为实现会员共同意愿，按照其章程开展活动的非营利性社会组织"；（2）民办非企业单位，即"企业事业单位、社会团体和其他社会力量以及公民个人利用非国有资产举办的，从事非营利性社会服务活动的社会组织"；（3）各类公益性基金会，即"利用自然人、法人或者其他组织捐赠的财产，以从事公益事业为目的而设立的非营利性法人"。对于其中数量最多的社会团体，民政部又将其分为四类：（1）从事自然科学、社会科学以及交叉科学研究的学术性团体，如中国骨科学会；（2）由同行业的企业组成的行业性团体，如上市公司协会；（3）由专业人员组成或依靠专业技术、专门资金从事某项事业而成立的专业性团体，如中国包装技术协会；（4）人群的联合体或团体的联合体，如工会。这种分类方法将种类繁杂的社会组织化繁为简，使之更为系统化、条理化，同时也严格了社会组织的登记规范，便于统筹管理，但另一方面政府管理部门划分方法在某些类别上未免过于笼统，个别概念之间的界限也不甚明了清晰。虽然使得各类组织的登记程序更为规范，但也使得那些游离于政府之外的民间组织或来源于社会捐赠的某些维权组织难以获得合法资格，从而无法将此类组织纳入管理机制，造成对某些社会组织管理的缺失。

2. 对国外分类体系的引入和借鉴

改革开放以来，随着越来越多的境外社会组织在中国展开与推广公益项目，我国的社会组织开始向这些境外组织学习其完善的管理模式和高效的组织体系，使得我国的社会组织能够成功吸取国外社会组织的经验与教训。而近年来，参考国际分类体系对我国的社会组织进行分类，自然就成为学术界争相研究的热点。其中对社会组织的分类比较有代表性的有两种方法：第一种是"中国社团组织分类识别体系"，这种方法将中国所有社团组织分为四大门类，即人民团体、社会团体、宗教团体以及其他社团组织。其中，人民团体是指参加政治协商会议的社团组织；社会团体是指由官办、半官办以及民间创办的不以营利为目的、依法开展活动的互益性群众组织，具体包括产业性团体、专业性团体、推促团体、联谊团体、基金会、其他社会团体；宗教团体是指国家法律认可的宗教团体；其他社团组织是指不属于上述范围的社团组织。第二种是"民间组织分类"，这种方法将我国现有各种组织分为：行业组织、慈善性机构、学术团体、政治团体、社区组织、社会服务组织、公民互助组织、同人组织、非营利性咨询服务组织共九类。①

3. 国内学者对社会组织的分类

清华大学 NGO 研究所作为国内最有代表性的民间非政府组织研究机构，近些年在对社会组织的调查与研究中取得了不少研究成果。关于社会组织的分类，王名教授就根据社会组织的构成和制度特征将其划分为会员制组织与非会员制组织。②

（1）会员制组织，根据这些组织所体现的公益性的差别，将其细化为公益型组织和互益型组织。对于公益型组织，根据其是否在民政部门登记注册区分为免登记公益性社会团体（主要指各级各类人民团体，如共青团、妇联、工会、残联等）和一般公益性社会团体（主要指依法登记后，开展社会公益事业的组织，主要集中在教育、科技等部门）；对于互益型组织，则根据它们所体现的经济社会关系的性质，分为互益性社会团体（如同学会、联谊会）和行业协会等经济团体（如商会等）。

（2）非会员制组织，首先依据组织的活动类型与功能，将其区分为基金型组织和实体型组织。基金型组织是以基金形式存在并主要通过接受捐赠、运作项目或提供资助开展公益活动的组织，可进一步按照运作资金的性质和类型区分为慈善募捐协会、公募基金会和非公募基金会；实体型组织则主要通过自身的运作与经营直接开展各种公益活动，根据其资金来源和管理体制，区分为民办非企业单位和事业单位。

此外，武汉大学政治与公共管理学院的柏必成在《NPO 与政府的关系分析——基于中国 NPO 的分类》一文中，以"距离市场远近"这一变量为标准，认为非政府组织作为介于政府和市场之间的社会部门，其内部

① 程玥、马庆钰：《关于非政府组织分类方法的分析》，《政治学研究》2008 年第 3 期。
② 王名：《社会组织概论》，中国社会出版社 2012 年版，第 19 页。

具有明显的异质性，赞成以官方性和民间性为横坐标，以互益性和公益性为纵坐标，在此基础上引入"距离市场远近"这一变量，将我国的非政府组织分为 8 种类型。[①] 熊小斌和高勇强在《非正式组织分类管理研究》中，将影响力作为分类标准，根据非正式组织影响力以及对正式组织的作用性质这两个变量来对非正式组织进行区分，将非正式组织的影响力分为小等、中等和大的影响力，同时，再加上非正式组织对正式组织积极、中性和消极的影响，将非正式组织共分为 9 种类型，并以此为依据对非正式组织进行分类、有效管理。[②]

综上分析，社会是不断发展变化的，社会组织也随之发展变化，一个国家社会组织的类型特征往往植根于该国的政治、经济、文化乃至宗教传统，所以世界各国由于其政治体制、经济发展水平、社会发展程度等方面的不同，其社会组织才会呈现出纷繁复杂的模式与形态。因此，对社会组织的分类不能一成不变，应在实践中不断探索新方法，以便更好地研究社会组织。

四、社会组织的功能

20 世纪以来，世界各国和地区的社会组织蓬勃兴起，各种跨国性社会组织也迅速发展，我国的社会组织体系也渐趋成熟。改革开放以来，我国经济迅猛发展，取得了举世瞩目的成就。伴随我国经济发展所形成的多元化社会格局使得政府对企业进行管理的难度增大，多元化的体制格局也必然要求社会组织这一独立于政府和企业之外的"第三部门"在社会管理中发挥其独特的调节功能。在现实生活中，市场经济在自行发展中也会出现各种各样的问题，例如随着社会需求的不断扩大，多元化利益主体释放出蕴涵在中国社会各个层面的巨大能量和多样化需求，原有的服务形式已不能满足他们在公共产品和公共服务等方面的需求。单纯依靠市场机制已不能向社会全面、有效地提供公共物品。市场经济自行运转的过程中

---

① 柏必成：《NPO 与政府的关系分析——基于中国 NPO 的分类》，《公共管理学报》2005 年第 4 期。

② 熊小斌、高勇强：《非正式组织分类管理研究》，《现代管理科学》2005 年第 5 期。

会出现所谓的"市场失灵"。市场的失灵导致我们亟须一个强有力的政府来调节市场机制，也就是寻求于政府的宏观调控这只看不见的手作为市场机制的补充来维护市场秩序和调控经济，以保证市场经济的正常运行。

20世纪30年代，英国实行的"凯恩斯主义"经济政策，美国实施的"罗斯福新政"等就是政府干预经济的最佳例证。然而随着社会的进一步发展，一方面，过分依赖政府的干预也渐入窘境，如企业缺乏自主性，过度依赖政府造成社会资源未能得到有效利用等。另一方面，也导致了社会问题的增多，例如流动人口问题、失业与就业问题、医疗保险问题、养老问题、妇女和儿童问题、人口老龄化问题等。这些问题是市场自身无法解决的，由于政府的力量特别是完全依赖财政汲取的能力也是极其有限的，完全通过政府来解决这些问题明显是不现实的。于是，社会组织作为一种在政府和市场之间调节社会发展的组织制度设计，因其特殊的第三部门属性，而在社会管理中承担起了资源共享平台、关注特殊群体、社会动员与倡导功能、维护社会秩序等功能。

（一）打造资源平台，实现信息共享

相对于营利性组织和政府组织，作为第三部门的社会组织最重要的一个社会功能就是实现资源动员，提供公共物品。"公共物品"在萨缪尔森等人合著的《经济学》中被界定为："与来自纯粹的私有物品的效益不同，来自公共物品的效益牵涉到对一个人以上的不可分割的外部消费效果。相比之下，如果一种物品能够加以分割，每一部分能够分别按照竞争价格卖给不同的人但对其他人没有产生外部效果的话，这种物品就是私人物品。公共物品常常要求集体行动，而私有物品则可以通过市场被有效率地提供出来。"①

也就是说，在使用过程中即使增加公共物品的使用人数也不会导致这个公共物品成本的增加，所有公共物品的消费都是非竞争性的。如美国经

_____

① ［美］萨缪尔森、诺德豪斯：《经济学》，人民邮电出版社2004年版。

济学家伯顿·韦斯布罗德认为："政府、市场和社会组织都是满足社会个体对物品包括公共物品和私人物品需求。这三者在满足个人的需求方面存在相互替代性的作用。因为现实生活中、政治决策中的投票结果反映的往往只是大多数选民的需求状况，使得一些对政府所提供公共物品和服务不满意的个人或群体转向在市场和第三部门之间进行替代性选择。但是，市场提供的公共物品并不能避免信息不对称等原因的出现，从而使得营利性组织坑害消费者的机会主义行为等'搭便车'现象开始滋生，因而导致社会无效率，由此最终导致了社会对第三部门的强烈需求。"① 从而也就产生了"政府失灵理论"与"合约失灵理论"。政府失灵理论主要阐述了非营利部门对于政府缺陷的弥补功能，而合约失灵理论则为非营利部门填补市场缺陷提供了理论依据。由于第三部门不能将获得的净收入分配给本组织成员，所以净收入得以保留，完全用于组织的进一步发展。提供资金的"非分配约束"的特性使得其在提供某些特定物品、信息或服务，或是实现资源整合时，具有政府组织与营利性组织所不具备的一些优势特征。

　　与政府依靠税收等强制性的方式以及企业以营利为目的的资源整合不同，社会组织在资源动员方面更像是一个面向社会的"资源平台"的创立者与维护者，由社会组织牵头搭台，吸引各类资源汇集，依靠社会成员基于共同价值观的协商与承诺方式，实现人们与社会组织之间的双向选择机制：一方面为社会组织发展提供资源；另一方面引导社会资源与匹配的社会组织进行链接，来获取社会资源，主要是社会人士的公益捐赠与组织成员的会费。虽然社会组织自身的非营利性、非政府性的特征决定了它不可能像政府组织那样依赖庞大的科层体制采取强制性的税收政策等措施来获取公共资源，也不能像企业等市场组织那样通过生产经营来获取社会资源，但其公益性特征恰恰赋予了社会组织动员社会资源的更广阔的空间。同时这种模式一方面避免了本该占主导地位的政府组织因其能力受限或依

---

　　① 黄敏：《政府与非政府组织在灾害救助中的日常合作机制探析》，《山西财经大学学报》2011 年第 3 期。

赖于财政收入资金不足等原因而造成的帮扶不持久或宏观帮扶计划不具有针对性等问题；另一方面也使得社会组织在"公益""服务"等理念的基础上，将得以聚集的社会资源全部用于各种社会公益活动中。

当然资源动员并不局限于筹集钱款等物资这一领域，社会组织作为一个"资源平台"还体现在其庞大的信息处理与共享功能。在社会活动中，信息收集需要付出大量劳动力，常常会出现多家组织花费精力对同一信息进行重复收集的现象。因此社会组织通过从某一行业的大局出发，发挥其强大的区域性、领域性的观察能力，对这一范围内与社会组织相关的信息进行汇总、分析、研究与总结，并将有用信息共享给其他社会组织，以促进各社会组织的合理规划与发展，减少各社会组织单兵作战可能造成的资源、时间上的消耗和浪费。例如以社会组织的官方网站或其所设立的资源共享网络平台作为信息资源的传播与分享载体，提供某一领域的政策、市场信息等，不仅能够减少信息成本和交易成本，提高产品供给效率，同时还能实现对公益文化的提倡与宣传。

（二）完善社会公共服务、关注特殊群体

基于利他主义以及公益精神的社会组织，其强烈的公共意识、责任意识、关怀意识、参与意识和奉献意识决定了它独有的社会性与公共性的责任定位，因此社会组织得以在扶贫、环保、教育、维权、慈善、文化等众多领域取得政府和市场所难以达到的成效。

与政府在公共服务领域提供的更具普适性和相对较均等的公共服务与产品不同，社会组织更侧重于提供个性化、有针对性的服务来满足公众多样化的社会需求。如在动员方式上，政府部门的资源动员存在一定的局限性，政治动员与行政动员常常是政府实现资源整合的主要方式，这两种动员方式都依赖于国家政权的权威性与强制性，往往需要求助于国家运用法律、政策与命令等强制手段，在政府权力资源的支持下，通过科层体制的权力结构，以自上而下、高度一致的方式展开。虽然科层体制看似一种直接且有效的管理方式，但是这种层级节制在通过政治力量来保证命令的有效

下达和迅速执行的同时，也会因由上至下的线性职责分配的官僚制架构致使服务条块分明，各职能部门的专业化分工的日趋增强，导致信息流动、整合滞缓、不充分，以至于部分领域服务短缺或不到位现象的出现。而社会组织在资源动员时具有极大的灵活性，可以实行多样的、灵活的、平等的、专业的组织参与方式。通过其所协商建立的合作联盟或平台整合各方人力、物力、财力、信息等分散资源，提高整体应对能力。各个社会组织之间不存在隶属及上下级关系，可以平等有序地根据各个社会组织的特长及资源优势，对帮扶对象提供符合个体需求和有针对性的多元化、多样化的帮助与支持。

　　社会组织对政府及企业组织提供公共服务的拾遗补阙还体现在其对社会上某些特殊群体的关注上。伴随着社会主义市场经济的快速发展，我国在取得举世瞩目的经济成就的同时，也产生了不少社会问题，如日益加深的贫富两极分化，造成某些群体在政治、经济等方面的弱势地位。仅仅依靠政府的宏观调控是远远不够的，而社会组织因其自发性、民间性使之更能体会弱势群体的需求所在，从而能够做到针对具体需求有的放矢，在弥补政府援助的不足的同时，更灵活地对服务对象的需求做出反应。如"希望工程"就是一个非常显著的例子，它以救助贫困地区失学少年儿童为目的，根据政府关于多渠道筹集教育经费的方针，以民间筹集的方式广泛动员海内外财力资源，建立希望工程基金，资助贫困地区的失学儿童继续完成学业、改善贫困地区的办学条件，以促进贫困地区基础教育事业的发展。再如红十字会对社会贫困人群提供免费无偿救助，在全社会大力发出无偿献血的倡议等。这些社会组织在政府倡导或扶持的基础上，通过开展往往被公众所忽视但却更贴近于人们现实生活的社会公益项目，担当了"桥"的角色，从而促进了社会对弱势群体生活条件改善的关注与投资，同时不断增强本组织的专业化能力，争做政府、社会的补充与完善工作，按照本组织的公益宗旨及利他的奉献理念，开展各种形式的公益性社会服务，构建基于全社会的公益服务体系，形成其在社会公共服务领域与政府的通力合作、互帮互助、共同发展的合作伙伴关系，并在一定程度上减轻了政府在这些方面的财政负担，有效补充了政府的服务职能。

（三）社会动员与倡导功能

任何一个社会组织都蕴涵着某种理论前提和价值观念，即"组织认同"，它与宗教认同、地域文化认同以及阶级认同一样，都是"社会吸引"所导致的基于自我归属的一种组织凝聚。其实质是指个人由于对某一组织所秉承的价值理念与组织目标的认同而产生的以情感或精神认同为连带关系而构成的利益公共体。王名教授认为："社会组织的资源动员既不同于政府和纳税人之间的强制关系，也不同于生产者和消费者之间的交换关系，而是建立在社会成员对社会组织所倡导的公益或共益理念的社会认同基础上的一种信托关系，是一种基于信任、志愿和公益的资源支持与委托代理关系。"① 而利他主义的公益奉献精神正是社会组织所具有的"组织认同"及"社会吸引"。一个组织的能力一定程度上取决于其自身规模的大小，或很大程度上取决于其网络覆盖面的大小，换句话说就是其"社会吸引"半径的大小。组织绝对规模大不等于社会影响覆盖面大，只有组织的社会影响覆盖面扩大时，此组织对社会的影响力才真正较大。社会组织作为全体组织成员共同价值的体现，这种非功利的志愿精神早已渗透进人们的日常生活之中，成为人们日常生活中相应的行为准则和行为规范。正是在这种内心准则的引导下，越来越多的个人或团体通过参加志愿服务或公益活动来促进社会和公共福利，不断地为社会组织呼吁、谋取资源，积极向社会各界宣传社会组织理念以及自身所代表的社会组织领域，作为推动社会公益服务的载体，努力提升社会组织的社会知晓度与社会地位。

社会组织呼吁和倡导更多的人参与到社会公益服务事业中的同时，也十分注重对领域内组织成员或志愿者能力的培养，积极为领域内社会组织及其从业人员提供学习机会，如提供财务管理、项目策划、项目运作、社

---

① 王名：《社会组织概论》，中国社会出版社 2012 年版，第 22 页。

会工作专业知识、档案管理等的培训课程。促进机构与个人的能力成长，以提升带动领域内社会组织的整体实力。

公众参与相对于市场和政府而言，是推动社会建设、激发社会活力的重要载体。社会组织作为公民自我完善、自我管理、自我服务的非营利性、公益性、互助性组织，是市场经济的中介、党和政府联系群众的桥梁和纽带，是推进科学发展、促进社会和谐的重要力量。特别是在社会转型期，随着思想观念的深刻变化，社会活力显著增强，带动人们思想活动的独立性、选择性、多样性、差异性的不断增强，公平意识、民主意识、权利意识、法治意识、监督意识的不断增强，公众的参与需求日益增长，使得社会组织成为公众参与的组织者，可以把不同利益群体有效组织起来，成为公众有序参与社会事务和公共服务的重要载体。

（四）应对社会冲突，维护社会秩序

如今，我国正处于政治经济体制改革的关键时期，社会政治经济结构与利益格局的调整，给我国的发展带来巨大活力，同时各种矛盾与冲突也随之而生。党的十八大报告指出，现阶段，我国处于矛盾多发期，各种社会冲突及群体性事件时有发生，当然这并不代表中国整体发展局面的不稳定，正如美国社会学家科塞在《社会冲突的功能》中提出的那样："每一个社会系统都包含着现实性冲突的原因，因为人民会对稀有的地位、权力和资源提出有冲突的要求，而且他们也支持冲突的价值观念。地位、权力和资源的分配虽然是由规范和角色分配系统支配的，但在某种程度上还是会成为争夺的对象。当人们在追逐受挫的要求和期望获得某种结果发生抵触时，现实性的冲突就产生了。"① 而社会组织在应对社会冲突、维护社会秩序方面有其独特的优势。

1. 社会组织对社会冲突有预警作用

社会组织作为独立于政府与市场的群众性的组织，可以说是来源于民

---

① ［美］科塞：《社会冲突的功能》，华夏出版社 1989 年版，第 41 页。

间，其组织成员来自社会各个阶层，遍布社会的各个角落，更贴近于群众。因此对于社会中潜伏着的各种矛盾和冲突有着敏感的洞察力，从而能够在矛盾或冲突的萌芽阶段向社会发出预警信号，防患于未然。

2. 社会组织对于社会冲突有缓解作用，即减轻或化解矛盾冲突双方的紧张敌对状态

社会组织作为介于政府与民众之间的一种社会角色，是政府与民众进行沟通的有效渠道。社会组织本身具有的民主代表性，使得它对大众的需求较为敏锐，对内可以协调缓解组织内部成员的利益冲突，对外将各成员间的利益诉求与利益纷争以合法且理性和平的方式传达给社会相关管理部门。通过与政府或相关机构的沟通调解，避免了某些冲突或矛盾主体采取非理性甚至违法的暴力方式，从而化解成员之间、不同群体或组织之间、人与社会之间以及人与自然之间的各种矛盾和冲突，促进社会和谐。

3. 社会组织与政府的协调互动作用

一方面，社会组织因为其来源于民间，由不同群体组成，从而能够代表群体、整合和协调成员利益，形成与政府互动沟通的有效信息反馈系统，及时地将各阶层社会成员对政府的要求、建议、批评等诉求反馈给政府，为政府制定政策或法规提供参考。另一方面，政府也可以通过将针对民众利益诉求的处理方案或解决办法转达给社会组织，在社会组织的宣传与组织下，促进民众对政府决策的理解与支持。这种双向互动，不仅可以有效缓解潜在矛盾与冲突，更可以督促政府活动的民主性，在维护自己权益的同时，成为整个社会体系的监督者与批评者，参与社会治理，化解社会冲突，维护社会的稳定与和谐。

（五）参与社会治理

当今中国社会阶层的分化和社会组织的迅速发展为我国的政治体制改革和政治现代化创造了一定的基础和条件。尤其近几年世界范围内频频爆发的各类群体性危机、公共安全事件以及各种自然灾害让人们更加意识到加快社会转型、实现社会良性治理的重要性。正如俞可平所说："治理亦

有'善治'与'恶治'之分。善治是治理所追求的理想状态，它是公共利益最大化的管理过程。善治的本质特征，就在于它是政府与公民对公共生活的合作管理，是政治国家与公民社会的一种新颖关系，是两者的最佳状态。"① 在当今社会形势下，少一些统治，多一些治理，努力使国家公共管理从统治型向治理型、从管制型向服务型转变，是世界各国公共治理的根本发展方向。这也意味着亟须构建一个需要各阶层人民共同努力的主体多元化的公共治理平台。

美国政治学家亨廷顿也曾在著作中提道："现代化意味着各种新和旧、现代和传统的群体越来越意识到自己是作为一个群体而存在的，意识到自己在与其他群体关系中的利益和要求。的确，现代化最显著的特征之一就是在传统社会许多自觉的认同程度和组织程度都很低的社会势力中产生群体意识、内聚性、组织性。"②

目前，随着各阶层地位的上升，各社会利益阶层随着社会地位的提高已经有了积极参与社会治理、维护社会秩序的要求，从致力于帮助社会弱势群体的社会组织到全民参与的"微博反腐"，再到个人"随手拍照解救乞讨儿童"的爱心行动，都反映出公民自由、自主、自治和志愿服务的意识逐步培养和建立起来，公民渴望参与社会治理、维护社会秩序的热情正朝着前所未有的深度和广度发展。社会组织参与社会治理的模式与传统的依赖于政府权力机关的统治模式不同，它着眼于整个社会公共利益最大化的最优治理状态，是政府与全体公民对于公共活动的合作治理，这也就赋予了这种合作治理模式无可比拟的优势。

---

① 2013 年 11 月 30 日，俞可平在"推进国家治理和社会治理现代化"研讨会上的发言。
② ［美］塞缪尔·亨廷顿：《变革社会中的政治秩序》，华夏出版社 1988 年版，第 38 页。

第二章　现实背景：统筹城乡视角下
社会组织参与社会治理

统筹城乡发展，作为全面推进城乡一体化的前提和基础，既是我国经济社会发展到特定历史阶段的必然趋势，也是落实科学发展观、全面建设小康社会和加快推进中国特色社会主义现代化进程的内在要求。它意味着在本质上消除传统意义上的城乡二元结构，从根本上构建一种城乡全面统筹和一体化协调发展的新型体制，并最终在城市和乡村两种社区形态之间建立起一种良性运行的长效机制。党的十九大提出要实施乡村振兴战略，打造共建共治共享的社会治理格局。消除城乡二元经济结构，实现城乡一体化发展，推进城乡协同治理成为改善和解决我国城乡发展失衡、实现城乡互治共治、推进城乡协调发展的必然要求。

统筹城乡发展的出发点和落脚点是解决"三农"问题。统筹城乡的关键在于：一方面，通过社会治理体制机制改革创新，打破传统的城乡壁垒，促进城市反哺农村，工业支持农业，逐步缩小城乡发展差距，并最终实现城乡一体化发展；另一方面，充分发挥社会组织在维护城乡社会稳定、优化城乡资源配置、降低城乡社会管理成本以及调节城乡基层社会矛盾中的"缓冲器"和"安全阀"的作用。

社会治理的基础在基层，薄弱环节在乡村。乡村振兴，治理有效是基础。传统中国乡村是一种以家庭为主的"家户—村庄"型治理结构，从以乡村习俗惯例为核心的"家政村治"迈向"乡政村治"。自实施城乡一体化和新型城镇化建设以来，乡村在社会结构、利益结构、人口构成和农村资源分配等诸多领域发生了重大变革。农村社会公共空间不断扩大，社会自治自主力量不断发育，乡村社会治理呈现"多元化"和"自治化"趋向，逐步取代以乡镇政府为行政权威的一元治理体制，更多地强调尊重村民的主体地位。乡村治理的运行逻辑发生了结构性的变化，形成了"以人为本"的多元自治模式。乡村治理主体包括国家的政府治理、农民和社会组织的团体自治、第三方（社会团体、非营利组织、宗教机构）的参与治理，"三位一体"共同实现乡村治理的创新。乡村治理兼有政府治理与团体自治二元属性，以团体自治为根基，把夯实基层自治基础作为固本之策。通过优化基层政府权力配置、培育基层社会自主性、协同基层社会组织参与社会治理，促进城乡基层治理民主化、法治化和现代化，推动城乡区域发展一体化，共建共享全面小康社会。

第一节　统筹城乡发展的相关研究

一直以来，农村和城市都是社区连续体的两级。自新石器时代的"农业革命"以来，农村社区便是人类聚落的初始形态。[①] 它以血缘关系为基础，人口密度低，人口之间同质性强，社会流动较少，社会整合度较高，以传统道德、习俗和礼俗等非正式制度作为主要的社会约束形式和社会规范机制。自封建社会以来，中国就始终是一个以分散的小农经济为主体的传统农业国家。直至 1949 年新中国成立时，我国农村人口数量高达48402 万人，占总人口比重的 89.4%，而城镇人口仅有 5756 万人，占总人口比重的 10.6%。[②] 新中国成立之初，我国主要建立了以国有经济为主导的单一的社会主义公有制经济模式，实行了高度集中的计划经济体制。与此同时，立足于当时的国际环境、经济结构和现实国情，中央政府明确提出"农业反哺工业，农村支持城市，优先发展重工业"这一苏联模式的工业化战略。这一战略的实施，尽管为我国工业化和城市化进程积累了

---

① 郑杭生：《社会学概论新修》，中国人民大学出版社 1994 年版，第 283 页。
② 国家统计局编：《中国统计年鉴（1983）》，中国统计出版社 1983 年版，第 103 页。

大量资本，但是也从客观上催生出一种典型的城乡分割的二元结构：与计划经济体制和优先发展重工业战略相伴而生的粮食统购统销制度和户籍制度等，也从根本上为我国的"三农"问题的发展、国民经济体系的建立付出了巨大的代价。①

随着改革开放的全面深入推进，立足于社会转型的新时代背景，如何消除城乡二元结构体制业已成为转型的关键。对此，国内外学者们围绕"统筹城乡"和"城乡一体化"这一核心议题展开了广泛深入的理论和实践探索，成果颇丰，在此我们选取典型的具有代表性的观点加以论述。

马克思、恩格斯从生产力与生产关系的辩证关系出发，论述了城乡协调发展的融合理论。他们探讨了导致城乡二元分立的深层原因：（1）生产力发展水平不高，导致落后的社会分工长期存在；（2）生产关系即私有制的存在。基于此，马克思、恩格斯进一步提出了城乡一体、城乡融合的思想。所谓"城乡融合"，是指"将把城市和农村生活方式的优点结合起来，避免二者的片面性和缺点"②。对此，他们的基本观点包括：首先，高度发展的生产力是走向城乡融合的基础前提；其次，建立新的城乡分工，实现产业结合，打破落后的社会分工格局，发展新型城乡分工，消除城市工业与农村农业之间的藩篱；第三，加强城乡及其产业间的联系；此外，发挥城市积极的辐射和带动作用是走向城乡融合的重要途径。③ 只有真正实现城乡融合，才会最终促使"生产劳动给每一个人提供全面发展和表现自己的全部能力即体能和智能的机会，这样，生产劳动就不再是奴役人的手段，而成了解放人的手段"④。

---

① 粮食统购统销制度，实质上是高度集中的计划经济体制通过抑制和排斥市场机制的作用，借助工农业产品价格"剪刀差"来促使农业剩余转化为重工业扩张所需的资本积累。户籍制度明确将我国居民分为"非农业户口"和"农业户口"两种，从而导致"农村居民"相较于"城市居民"而言，在教育、医疗、养老、就业等社会保障和社会福利方面缺乏基本和必要的权利保障。这些制度从结构上限制了农村的发展和农民的向上流动。

② 《马克思恩格斯选集》第 1 卷，人民出版社 2012 年版，第 305 页。

③ 叶昌友、张量：《论马克思、恩格斯的城乡融合思想》，《求索》2009 年第 12 期。

④ 《马克思恩格斯选集》第 3 卷，人民出版社 2012 年版，第 681 页。

改革开放以来，我国关于城市与乡村的关系，经历了从城乡二元结构向城乡一体化的变迁过程。"城乡二元结构"这一概念最早是由美国学者刘易斯于1954年在《劳动力无限供给下的经济发展》一书中提出的。他将发展中国家的经济结构划分为传统农业和现代工业两大产业范畴，并指出，传统农业部门中劳动者的收入水平低下导致的隐蔽性失业，使得相当一部分劳动力的边际生产率几乎为零，因此劳动力供给具有完全的弹性；一旦工业部门的工资水平保持在略高于农村生存收入的工资水平时，农村的劳动力就会大量地向城市转移，工业部门也就获得了其发展所需要的无限劳动力。

对此，后来的美国学者费景汉、拉尼斯将其概括为经济发展过程的第一阶段。在此基础上，他们进一步将人口增长因素纳入分析之中，并总结了经济发展的第二阶段和第三阶段特征：当农村的剩余劳动力向城市发生转移时，经济发展就进入第二阶段，即农业部门劳动力的转移导致农业总产量下降，农产品特别是粮食的短缺，导致工农业之间的贸易条件变得有利于农业部门，工业部门的工资水平开始上升；当农业中全部剩余劳动力被吸收到工业部门就业以后，经济就进入第三阶段，即农业部门也进入商业化过程，农业和工业中的工资水平均由劳动力的边际生产率来决定。[1]在此过程中，费景汉和拉尼斯认为，经济发展的关键在于如何促使隐蔽性失业人口全部转移到工业部门中去。而解决这一问题，势必要在推进工业化进程的同时，努力提高农业劳动生产率，确保农业和工业的平衡增长。

英国城市规划学家埃比尼泽·霍华德在其著作《明日的田园城市》一书中系统地阐述了他的"城市—乡村磁铁模型"，这一模型的提出在世界范围内掀起了一场田园城市运动。19世纪末，英国乡村的滞后、衰退，城市的畸形发展，都无一例外地凸显了当时城乡二元分化所带来的沉重代价。对此，霍华德将人口向城市集中的原因归纳为"引力"。他认为，只有通过重新建构一种"新引力"，来克服"旧引力"，才能真正解决城乡

---

[1]　龚建平：《费景汉和拉尼斯对刘易斯二院经济模式的批评》，《求索》2003年第1期。

发展面临的现实问题。"城市磁铁和乡村磁铁都不能全面反映大自然的用心和意图。人类社会和自然美景本应兼而有之。两块磁铁必须合而为一"；"城市和乡村必须成婚，这种愉快的结合将迸发出新的希望、新的生活、新的文明"。① 因此，"城市—乡村磁铁模型"是同时融合了城市磁铁和乡村磁铁各自优势后生成的一种城乡优化发展模型，它在本质上折射出城乡一体化的规划思想。

此外，国外关于统筹城乡发展的理论中比较具有代表性的还有杜能的"农业区位"理论、普雷维尔的"中心—外围"理论以及缪达尔的"地理上的二元结构"理论等。从城乡发展的历史进程来看，城乡之间存在着三种关系：城乡分离、城乡对立与城乡融合（或城乡一体），这三种关系随着生产力水平和经济社会发展阶段的不同而存在。然而，从城乡发展的理论进程来看，无论是马克思主义经典学者的"消除城乡二元分立""城乡融合"，现代城市学家的"城市—农村磁铁模式"，还是现代经济学家的"城市带动和辐射农村""城乡一体化"等思想观点，均是将城市和农村置于同一个系统中加以考虑，从整体主义和关系主义的视角出发，明确了统筹城乡和城乡一体化是实现经济社会可持续发展的必然选择和根本途径。从世界范围内的城乡发展趋势来看，无论是发达国家还是发展中国家，其城乡关系和城乡发展都呈现出朝着城乡融合这一方向演进的趋势。

2002 年，党的十六大报告明确指出，"统筹城乡经济社会发展，建设现代农业，发展农村经济，增加农民收入，是全面建设小康社会的重大任务"。这是我国第一次从国民经济社会发展全局的高度正式提出和确立城乡协调发展这一重大战略决策。2004 年，在党的十六届四中全会上，胡锦涛同志从历史经验和全球视野出发，做出了关于我国城乡发展的重要论断："纵观一些工业化国家发展的历程，在工业化初始阶段，农业支持工业、为工业提供积累是带来普遍性的趋向；但在工业化达到相当程度后，

---

① ［英］埃比尼泽·霍华德：《明日的田园城市》，金经元译，商务印书馆 2000 年版。

工业反哺农业、城市支持农村，实现工业与农业、城市与农村协调发展，也是带有普遍性的趋向。"凡此表明，统筹城乡发展是党和政府在深刻总结城乡发展经验、解决"三农"问题的实践探索这一基础上提出的关于城乡发展的新思路和方针。对此，学者们纷纷从理论和实践出发，探讨了统筹城乡发展的内涵、现状、问题、成因以及对策等。

一、关于统筹城乡的内涵研究

现有研究表明，国内学者在关于"统筹城乡"和"城乡一体化"内涵的理论认识上，达成了一些基本共识，如：建设社会主义新农村是全面建设小康社会的攻坚重点和难点；统筹城乡发展、推进城乡一体化建设是消除城乡二元结构、解决"三农"问题的根本途径和关键所在；等等。关于统筹城乡协调发展的内涵，胡锦涛同志于 2003 年年初在中央农村工作会议上，明确了"统筹城乡经济社会发展，就是要充分发挥城市对农村的带动作用和农村对城市的促进作用，实现城乡一体化"。由此可见，统筹城乡发展的最终目标是实现城乡一体化。

对此，姜太碧将统筹城乡的内涵概括为三个方面[①]：一是城乡制度统筹，如就业、户籍、财政分配和转移支付、社会保障、教育等；二是城乡要素统筹，如土地、资金、劳动力等；三是城乡关系统筹，如区位关系、产业关系、居民关系等。顾益康和许勇军则从六个层面论述了城乡一体化的科学内涵：其一，城市化、工业化、市场化和现代化已经达到较高水平是城乡一体化的前提；其二，打破城乡分割的二元结构，改革现代社会制度是城乡一体化的关键；其三，让农民享受公平的国民待遇、完整的合法权益和平等的发展机会是城乡一体化的核心；其四，充分发挥城市对农村的带动作用以及农村对城市的促进作用，促进农村劳动力充分就业是城乡一体化的有效途径；其五，城乡差别、工农差别、地区差别和贫富差别是城乡一体化水平的衡量标准；其六，确保城乡居民平等共享现代物质文

---

① 姜太碧：《统筹城乡协调发展的内涵和动力》，《农村经济》2005 年第 6 期。

明、政治文明和精神文明是城乡一体化的目的。①

二、关于城乡发展的现状、问题及其成因研究

郭建军总结了社会转型背景下我国城乡社会经济发展面临的问题和挑战②：在经济方面，城乡在基础设施建设投入、居民收入和消费上存在巨大差异；在政治方面，户籍制度不统一、就业政策和社会保障体系不平等，都加剧了城乡二元对立；在文化方面，城乡教育投入不均衡不合理，农村文化设施落后；在社会方面，城乡医疗资源配置不平等，农村基础设施建设相对滞后，农村群体性事件明显增多。

顾益康认为，当前中国正处于工业化中期阶段，这是一个特殊敏感时期。③ 从国际经验出发，这一时期，发展中国家和地区通常面临两种不同的发展前景：一是注重统筹城乡发展，缩小城乡差距，保持经济社会可持续发展，顺利吃到"现代化馅饼"；二是片面追求经济增长速度，导致城乡、地区和贫富差距过度扩大，从而陷入有增长、无发展的"现代化陷阱"。④ 然而，决定我国城乡发展究竟将是哪一种前途的关键，取决于在推进三化的改革进程中是否能够加快扭转城乡二元发展的格局，改革城乡分化的制度安排，妥善解决"三农"问题。

面对城乡发展的严峻形势，农业部产业政策法规司课题组在《统筹城乡和统筹经济社会协调发展研究》一文中指出，"三农"问题从根本上

---

① 顾益康、许勇军：《城乡一体化评估指标体系研究》，《浙江社会科学》2004 年第 6 期。

② 郭建军：《我国城乡统筹发展的现状、问题和政策建议》，《经济研究参考》2007 年第 1 期。

③ 世界银行《东亚经济发展报告（2006）》提出了"中等收入陷阱"（middle income trap）的概念，指出当一个国家的人均收入达到世界中等水平后，由于不能顺利实现经济发展方式的转变，导致新的增长动力不足，最终出现经济停滞徘徊的一种状态。其典型特征包括：经济增长回落或停止、民主乱象、贫富分化、腐败多发、过度城市化、社会公共服务短缺、就业困难、社会动荡、信仰缺失、金融体系脆弱等。

④ 顾益康：《统筹城乡发展，全面推进社会主义新农村建设》，《中国农村经济》2006 年第 1 期。

说是没有解决好城乡二元发展模式的改革问题，而潜隐在这一问题背后的深层次的体制性矛盾和结构性矛盾突出体现在以下几个方面：（1）农村财政资金的多收少支；（2）农村金融多存少贷；（3）农村土地多征少补；（4）歧视性的户籍制度和就业制度。

针对我国城乡发展问题，陆学艺曾在《统筹城乡发展，农村要进行第二次改革》一文中指出，当前我国的工农差别、城乡差别和地区差别仍旧呈现出扩大的趋势，具体表现为：城乡居民消费的差距继续扩大；城乡社会事业薄弱，基础设施建设落后；农业户口的人数继续上升等。尽管伴随改革开放的浪潮，大量的农村剩余劳动力涌入城市，从传统的农业部门过渡到工业部门，职业发生改变的同时，身份却未改变，"一厂两制""一校两制""一个单位两种就业制度"的现象，又不断强化着城乡二元结构的格局。在此基础上，他从经济社会结构层面出发，深刻地指出"三农"问题的实质是结构问题、体制问题，必须通过改革"城乡分治、一国两策"的城乡体制，才能从根本上促使"三农"问题得到解决。[①]

三、关于消除城乡二元结构、统筹城乡发展的对策研究

陈锡文指出，"三农"问题是不可能在农村内部加以解决的，而是应当结合城市视角，通过加快推进城市化进程，吸引更多的农业人口转移到城市和非农业部门中去，从而形成一个统筹城乡的格局，为解决"三农"问题找到一个新的突破口。对此，王梦奎也表达了与之相似的观点，他强调，解决三农问题，在围绕"农"字做文章的同时，更要注重从"农"字之外找出路，通过"三化"——工业化、城市化、市场化，促进"三农"问题解决。[②]

陆学艺认为，统筹城乡发展必须要进行第二次改革。尽管伴随改革开

---

① 陆学艺：《统筹城乡发展，农村要进行第二次改革》，《经济学家》2008年第2期；陆学艺、杨桂宏：《破除城乡二元结构体制是解决"三农"问题的根本途径》，《中国农业大学学报（社会科学版）》2013年第3期。

② 王梦奎：《关于统筹城乡发展问题》，《求是》2004年第10期。

放的深入，城市基本建立了社会主义市场经济体系，但是农村的这一体系却尚未建立起来，因此，他强调第二次农村改革的重点要放在体制和结构层面。对此，顾益康等认为，新一轮改革需要推进十大制度创新，即让土地真正成为农民财富的农村产权制度改革、基于农工贸一体化的农业经营体制改革、变征用为购买的土地征用制度改革、鼓励农民到城市创业的户籍制度改革、支持农村企业和农民发展的农村金融体制改革、确保农民享受平等待遇的劳动就业与社会保障制度改革、财政税收体制改革、教育体制改革、乡镇管理体制改革和农业行政体制改革等。[①]

第二节　关于城乡治理的理论与实践探索

改革开放以前，中国呈现出一种"总体性社会"的特征，即政府对社会生活实行全方位的管理，国家与社会之间并无清晰的界限。改革开放以后，中国社会结构才逐渐从总体性社会走向多样性社会，即国家与社会分离开来，社会的自主性日益增强，"自由流动资源"的释放和"自由活动空间"的扩展，促进了新的社会力量和社会组织的发育与形成。整个改革开放的过程，实质上是国家与社会间的结构分化过程，也由此掀开了社会治理变革的新篇章。学者们关于城乡社会治理的探索大致归纳为以下几个方面。

一、城乡治理的内涵研究

城乡治理作为地方治理的一个重要组成部分，是治理理论在地方层面或城乡层面的具体应用，是治理思想与地方行政改革和公共管理制度创新相结合的理论探索和实践过程。治理理论最早于20世纪90年代兴起于西方国家。治理理论主要创始人之一的美国学者詹姆斯·N. 罗西瑙强调，

---

① 顾益康、邵峰：《全面推进城乡一体化改革——新时期解决"三农"问题的根本出路》，《中国农村经济》2003年第1期。

治理是一种由共同的目标支持的活动，这些管理活动的主体不一定是政府，也无须依靠国家的强制力量来实现，它既包括政府机制，同时也包括非正式的、非政府的机制。①

自 20 世纪 80 年代起，法国中央政府开始实施地方分权改革，逐步向市镇和省下放职能，国家也因此而处于外部一体化和内部地方分权这两个运动的双重挤压之中。然而，戈丹认为，国家实际上并没有像我们想象的那样受到挤压，因为除了其最高职能外，国家还通过共同出资和与地方当局的契约性合作关系积极参与一系列公共政策的本地化：地方发展、城市政策、环保、公共运输、农村现代化、融入社会……这些公共政策求助于民选代表、各类协会组织和企业的地方参与。因此，戈丹总结道：治理应该是一个双面币——一面是效率，另一面是民主，民主开放性在主观上必须通过公共讨论和发展与公民们的"亲近"关系。② 这一观点，类似于德国学者尤尔根·哈贝马斯的"民主深化"，即通过一种每个公民都会被邀请参与的理性磋商来实现。

当代国外地方政府改革主要集中于以下几个方面③：（1）地方政府的职能转变与改革（Functional Reform）；（2）加强对地方政府的绩效评价（Better Performance）；（3）地方政府区划的重组与改革（Boundary Reform）；（4）政府间关系的变革（Changes in the Intergovernmental Relationships）；（5）地方民主的发展（Local Democracy）。纵观世界各国的地方治理经验，不难发现，几乎所有的地方治理实践都旨在实现两大目标：一是通过改革地方政府的现有公共管理体制，来重新定位地方政府的管理职能和职责，重新调整市场、政府与社会的关系，提升地方政府在管理社会公共事务中的能力；二是改革和创新地方治理机制，通过建立健全市场、政府与社会之间良性互动的网络治理关系，来调动和整合整个社会的公共

---

① ［美］詹姆斯·N. 罗西瑙：《没有政府的治理——世界政治中的秩序与变革》，张胜军等译，江西人民出版社 2001 年版，第 5 页。
② ［法］让·皮埃尔·戈丹：《何谓治理》，社会科学文献出版社 2010 年版，第 86 页。
③ 万鹏飞：《地方政府改革：一种全球性的透视》，《公共管理评论》2004 年第 1 期。

资源，发挥各种社会力量的积极作用，共同解决地方治理的公共问题和民生问题，塑造地方可持续发展的能力。

城乡治理作为中国地方治理的重要组成部分，已成为当前国内统筹城乡发展研究关注的焦点和热点。党的十八届三中全会第一次正式提出"创新社会治理"，代替了以往的"创新社会管理"。从主体上看，社会治理强调主体多元化，包括政府、市场和社会，如社会组织、公民参与；从方式上看，社会治理注重行政、法律、思想道德、制度、文化等多样化方式；从方向上看，社会治理强调政府与社会之间的上下结合、共同探索、互动创新。

"中国社会管理评价体系"课题组提出，社会治理包括社会管理和社会自治。社会管理的主体是公共权力部门，它实际上是一种政府行为，是政府的重要职能；社会自治是人民群众对基层公共事务的自我管理，其管理主体是社会组织或民间组织，它是一种非政府行为，是基层民主的重要实现形式。社会管理与社会自治是社会治理的两种基本形式，是一体之两翼。对于国家的长治久安和良好的社会治理而言，两者相辅相成，不可或缺。① 麻宝斌在《公共治理的理论与实践》这本书中总结了中国社会治理的两个内涵②：（1）"治理"的一般要求，即由政府和多个社会组织组成的社会网络运用各种方式提供社会性公共服务的制度安排；（2）"治理"的本土特色，即"党委领导、政府负责、社会协同、公众参与、法治保障"的协作治理模式。在此基础上，他进一步阐述了地方治理的内涵：首先，"地方"不仅包括地理区位空间，还包含地方公民间文化联结、惯例认同和心里归属等文化与心理；其次，地方治理的重点在于，地方公共事务如何经由地方政府与中央政府、私营组织以及社会组织之间的通力合作，获得及时有效的解决；最后，从根本上来看，地方治理包括地方和治理两个部分，前者可以从政府系统内部纵向的多层级治理来理解，后者可

---

① 中国社会管理评价体系课题组：《中国社会治理评价指标体系》，见俞可平主编：《中国治理评论》（第2辑），中央编译出版社2012年版。

② 麻宝斌：《公共治理的理论与实践》，社会科学文献出版社2013年版，第51页。

以从所有参与地方公共事务管理的多元主体形成的横向多中心治理机制来理解，因此，它既包括正式的组织机构如地方政府和政府各层级在追求集体行动中的直接和间接作用，也包括非正式的准则、网络、社区组织、邻里联合会在追求集体行动中的作用。[①]

综上表明，无论是国外地方治理，还是国内地方治理，分权、参与、多中心、多层次、网络化、民主协商等都已成为国内外理论和实务界对城乡治理的内涵达成的共识。作为当代地方治理理论的重要组成部分，城乡治理是治理理论适应市场化和分权化趋势下城乡一体化的发展要求，是与地方行政改革和公共事务管理体制机制创新相结合的理论产物。一方面，它强调综合利用政府、市场和社会多元主体形塑的合作网络，旨在通过主体多元化、过程互动化、方式协调化等路径来构建城乡良性治理机制；另一方面强调通过政府间分权化改革，将政府内部的权力纵向下放，赋予基层政府以相对自治的地位和决策能力，真正做到从基层人民的需求和利益出发，统筹城乡发展。

二、中国城乡治理结构的理论探索

关于中国城乡治理结构的研究，学者们不约而同地将关注的焦点集中在国家与社会、政府与市民之间的关系上，大多数城乡治理改革方案基本都围绕纵向的政府间分权、放活农民、放活农村组织、放活基层政府这些视角来加以建构。郑风田等从新农村建设视角出发，认为未来中国基层乡村治理结构应该呈现为"强县权、精乡镇、村合作"[②]："扩县强权"，强化县级政府的经济管理职能，提高县域经济竞争力；"并乡精镇"，提升小城镇对乡村经济社会发展的辐射和带动能力；"村民自治"，加强村域合作，发展农村集体经济，深化村民自治。

[①]　麻宝斌:《公共治理的理论与实践》，社会科学文献出版社 2013 年版，第 195—196 页。

[②]　郑风田、李明:《新农村建设视角下中国基层县乡村治理结构》，《中国人民大学学报》2006 年第 5 期。

三、中国城乡治理的实践探索

改革开放以来，我国农村大量的适龄劳动力向城镇发生转移，农村经历了一场"去组织化"改革，"389961部队"① 成为农村的生产经营主体。对此，温铁军等的相关研究表明，大量的原子式的留守个体导致农村社会面临着交易成本过高，市场失灵叠加政府失灵的双重发展困境②。在此背景下，我国在城乡治理方面开展了大量的理论和实践探索，并取得了突破性的进展。中央政府出台了一系列与城乡治理密切相关的重大国家发展战略，如：科学发展观、建设和谐社会、全面建设小康社会、新农村建设、城乡一体化、"五位一体"总布局、建设服务型政府和社会治理创新等。这些战略规划，不仅为中国城乡治理的改革奠定了坚实的政策基础，而且为构建符合中国国情的城乡治理体系指明了道路和方向。

彭正波从治理主体、农民政治参与、共同体重构以及信仰危机四个维度，分析了当前农村社会面临的治理性危机：经过精兵简政改制后的乡镇政权苦于财政枯竭及权力萎缩成了悬浮于农村社会之上的"维持会"，村民自治的基层民主政治实践频繁遭遇家族势力、宗族势力、黑恶势力、精英贿选等潜在的威胁，农民的民主权利在部分地区得不到实现，农村健康的内生性组织缺乏，农民因此严重缺乏社会生活的组织平台，农村公共产品供给严重不足，都影响着当前农村社会的和谐稳定与可持续发展。③

甘庭宇以成都市的乡村治理为个案，探索了农村社会结构转型背景下"成都模式"的乡村治理机制。他指出，"成都模式"最核心的内容是产权制度改革、村民议事会的创设和实现城乡基本公共服务均等化，即"村两委+议事会"这样一种新型农村基层治理机制。④ 与此同时，他也

---

① "389961部队"是指留守农村的妇女、老人和儿童。

② 温铁军、杨帅：《中国农村社会结构变化背景下的乡村治理与农村发展》，《理论探讨》2012年第6期。

③ 彭正波：《农村社会的治理危机——四个维度的分析》，《求实》2012年第9期。

④ 甘庭宇：《农村社会结构变动下的乡村治理机制探索》，《农村经济》2012年第11期。

进一步总结了"成都模式"面临的治理困境：（1）社会管理体制与乡村自治的错位，在"乡政村治"的格局下，村民委员会的自治性质逐渐被行政化，它在事实上仍然承担着延伸国家行政权力的功能；（2）乡村治理中内部规则的缺失，导致村民难以从实际需要出发，对治理过程和结果进行有效监督和绩效评估，其参与效果也因而大打折扣；（3）大量农村青年劳动力和精英人才的转移，导致作为乡村治理主体的农民的参与能力较弱。对此，甘庭宇提出了破解乡村治理困境、完善乡村治理机制的建议：（1）乡村治理中内部规则的制定应坚持从实际出发的原则，确保其来自乡村内部；（2）促使公共财政投入成为农民参与乡村治理的突破口，构建公共服务与乡村治理良性运行机制和相互促进格局；（3）通过农村社会组织的培育和发展，来加强村民参与乡村治理的意识塑造和能力建设。

在实践探索方面，我国城乡治理呈现出从一元管理到多元治理、从集权到分权、从人治到法治、从管理型政府到服务型政府、从党内民主到社会民主的演进趋势，并逐渐从现实经验中发展出一系列具有代表性的城乡一体化发展模式，[①] 如：珠江三角洲"以城带乡"模式、上海"统筹城乡规划"模式、北京"工农协作、城乡结合"模式、苏南"以乡镇企业为动力"的发展模式等。中国一直在探索城乡治理的相关问题，试图寻求一条适应我国国情的城乡一体化发展道路。在此过程中，伴随着计划经济向社会主义市场经济转轨、政府与市场分权化改革的推进，中央政府与地方政府、政府与企业、政府与社会组织之间的权力关系经历了重大的调整，具体落实到城乡治理层面，表现为地方政府主体地位的不断提升以及城乡公共事务治理中的多元主体参与。然而，在中国城乡治理结构的形成过程中，仍然存在一些突出的问题，归纳起来，主要表现在3个方面：（1）地方政府在地方治理过程中的独立主体地位不够明确，导致中央政

---

① 刘家强、唐代盛、蒋华：《我国城乡统筹发展与结构调整的几种模式》，《四川省情》2005年第1期。

府与地方政府以及地方政府之间的职能、权力和责任关系不够明晰；（2）公民社会成长不足，导致政府、企业和公民社会之间难以真正形成地位平等、资源合作的公共事务治理模式，社会组织作为体制外的力量，仍难以展现其力量和身份，甚至很多社会组织同时受制于"双重管理体制"的约束；（3）分权化的改革客观上把高度统一的政治经济一体化分解成许多分散的政治经济一体化，但实质上这种分权仍是在高度一体化的社会体制框架内进行，因此，排他性的封闭格局仍未打破，中央与地方分权的结果不是彼此的分工合作、行政效率的提高，而是形式上的地方分权变成了事实上的地方保护主义。

四、中国城乡治理的未来发展研究

针对社会转型背景下农村治理面临的现实困境，温铁军、杨帅提出了农村良性治理的思路——重构社会资本与规模交易主体。[①] 具体做法是：加大对农村地区的多元化投入力度，从文化合作和社区资源动员入手，提高农民组织化程度，培育和发展基于农民广泛参与的农村社区合作社，在多元化社会组织发展的基础上促进农村良性治理结构和机制的形成，最终实现农村的可持续发展。

关于未来农村社会治理的建设方向，于水等提出了"有限主导—合作共治"的模式构想。"有限主导"，意味着政府必须从以往的全能型政府向主导型的有限政府转变，从宏观上把握未来农村社会治理的总体方向，确保国家权威在农村社会甚至整个社会的主导地位；"合作共治"是指多元化的农村社会治理主体通过努力构建主体间协同治理关系，发挥多元主体在农村社会治理中的合力。该模式的最终目标是实现政府与社会的协同治理，实现整个农村社会的善治。[②]

---

① 温铁军、杨帅：《中国农村社会结构变化背景下的乡村治理与农村发展》，《理论探讨》2012年第6期。
② 于水、杨萍：《"有限主导—合作共治"：未来农村社会治理模式的构想》，《江海学刊》2013年第3期。

关于未来的城镇化发展，向春玲指出，要想从根本上治理好"城市病"，就必须在坚持以人为本的基础上，加强科学的城市规划，协调好大中小城市和小城镇的发展，从国家现代化发展高度全面深化城镇化的制度改革，建设绿色宜居城市。① 张晓山指出，"三农"问题的解决，不能仅仅依靠农村经济的发展和农村自身体制和治理结构的变革，而是应将其置于整个社会转型的宏观背景之下来加以思考和规划；农村经济体制的改革要与农民民主权利的实现相结合；村民自治在很大程度上有赖于农民组织化程度的提高；乡镇基层政府的走向应从全能型向有效型、从自上而下的行政指令向双向互动的协同治理、从统治型向服务型政府转变。②

吴新叶认为，相对城市而言，当前农村社会治理呈现出一种结构性的碎片化态势。对此，他从整体性治理视角出发，尝试从五个方面构建农村社会治理体系：（1）农村社会管理的价值，包括农村社会稳定的价值、社会存在的价值、规制价值和农民主体价值四个方面，其中，农民主体价值是核心和归宿。（2）农村公共文化的整合有赖于农民公共精神的养成与内化，其中，以规范、信任、网络为要素的社会资本影响最为明显。（3）建设农村社区，使之成为村民公共生活的共同体。（4）理顺国家与社会的关系，激发农村社会管理的动力机制，具体做法包括：明确国家对农村组织参与治理的政治期望，区分农村治理中的国家与社会责任，锻造连接国家与社会的新纽带，再造社会功能。（5）各种社会功能关系的耦合与农村社会自主性的成长。③

麻宝斌将当代中国地方治理的实践过程总结为两个方面：一方面，从以中央为导向和依托的模式转向立足地方、打造地方为基础的治理模式；另一方面，各种市场化的自主性力量逐步深入社会层面，如：乡村中的村

① 向春玲：《中国城镇化进程中的"城市病"及其治理》，《新疆师范大学学报（哲学社会科学版）》2014年第4期。
② 张晓山：《简析中国乡村治理结构的改革》，《管理世界》2005年第5期。
③ 吴新叶：《农村社会管理何去何从：整体性治理视角的尝试性解读》，《理论探讨》2013年第2期。

民自治、民营企业的扩张与成长等，使社会结构发生了明显变化，相对扩展了社会民间性力量的活动空间。尽管如此，他认为，地方政府依然是治理的主要主体，同时，政府组织规模庞大和复杂性以及提供商品与服务成本过高，又从客观上决定了地方政府与社会的合作是必然的。因此，中国地方治理的未来发展前景，政府角色和功能的转化与社会性力量的成长和自主并不意味着中国的地方治理模式必然走向西方的"权力中心多元"或"没有政府的模式"，而是政府主导下的政府与社会的合作状态。①

综上表明，未来中国城乡治理仍以构建"党委领导、政府负责、社会协同、公众参与、法治保障"的体制格局为主导。首先，加强服务型政府建设，推进城乡公共服务体系建设，建立统筹城乡的良性运行机制。其次，积极培育和发展社会组织，如：社会团体、行业组织、中介机构、志愿者团体等，同时发挥政府的监管作用，促进社会组织各自承担起相应的责任。再次，加强城乡社区建设，发挥城乡社区的引领和带动作用，提升城乡居民素质和自我管理能力，鼓励社会公众加入社会组织和参与城乡社区管理，开展政府与城乡社区的多元互动。此外，还要加强完善扶持社会组织规范化发展的法律法规，重构政府与社会组织的关系，发挥社会组织在城乡治理中的积极作用，坚持依法办事，运用法治思维和法治方式推进统筹城乡。

第三节　统筹城乡视角下社会组织发展与社会治理创新

20 世纪 80 年代，面对西方国家出现的"政府失灵"和"市场失灵"的双重困境，治理理论及其实践模式应运而生。治理的最终目标是达到"善治"，即通过构建政府、市场与社会之间基于良性运行和协调发展的一种新型关系，来实现公共利益最大化的社会管理过程。

---

① 麻宝斌：《公共治理的理论与实践》，社会科学文献出版社 2013 年版，第 208—209 页。

当前，我国正处于社会转型的关键时期，城乡社会矛盾与社会问题也呈现多发态势：公共决策的复杂性、城乡二元社会结构缺乏竞争和监督机制造成城乡公共物品供给的低效和浪费，政府机构膨胀，权力寻租和腐败，城乡贫富差距持续扩大，弱势群体权利得不到应有保障，公平正义遭到破坏等，均无一例外地凸显出当前国家和市场在调控和协调过程中的局限性。对此，以社会组织为主体的社会力量的培育和发展，成为当前社会转型背景下有效应对"政府失灵"和"市场失灵"、实现城乡一体化发展的"第三条道路"。从统筹城乡发展这一视角出发，国内外学者关于社会组织发展与社会治理创新的研究主要集中在以下几个方面。

一、社会组织在城乡一体化发展战略中的作用研究

对于社会组织在城乡一体化发展中的作用，国内外学者从不同的视角进行了深入的分析。2007 年，党的十七大明确强调"重视社会组织建设和管理"，并第一次正式将社会组织建设上升到社会主义经济建设、政治建设、文化建设、社会建设"四位一体"的中国特色社会主义事业总体布局这一战略高度。2013 年，十八届三中全会第一次明确将"推进国家治理体系和治理能力现代化"纳入全面深化改革的总目标之中，从"社会管理"向"社会治理"的转变，促使社会组织的重要地位和作用被提升到前所未有的高度。美国学者莱斯特·M. 萨拉蒙强调，"社会组织作为工具并非补充性的，而是和市场机制一样具有基础性、优先性的地位。"[①] 社会组织的培育、发展和壮大，不仅为公民参与公共事务治理提供了关键性的平台，而且日渐成为公共服务社会供给不可或缺的主力，在城乡治理中发挥着举足轻重的作用。关于地方政府与社会组织的协同关系，从不同的视角形成了以下四种有力的理论性支撑。

---

① ［美］莱斯特·M. 萨拉蒙：《公共服务中的伙伴：现代福利国家中的政府与非营利组织的关系》，田凯译，商务印书馆 2008 年版，第 6 页。

（一）公共产品理论

美国学者萨缪尔森于 1954 年在《公共支出的纯粹理论》一文中，提出了"公共产品"这一定义，他强调消费上的非竞争性和非排他性是公共产品的核心特征。此后，戈尔丁、德姆塞茨和科斯等人的研究表明，公共产品的两种特征在很多情况下是难以同时出现的，因此，他们据此将公共产品分为两类：（1）两种特征兼具的纯公共产品，如国防、司法等；（2）两种特征仅具其一的准公共产品，如教育、医疗、养老等。一般而言，公共产品理论认为，纯公共产品主要由政府提供，而准公共产品的供给则需要政府之外的社会组织来协助或承担。

（二）市场/政府失灵理论

该理论最早是由美国经济学家伯顿·韦斯布罗德于 1974 年提出的，该理论认为，社会组织作为新生的力量，能够以其灵活的性质和多样的功能，有效弥补市场和政府在公共产品供给上的局限性：一方面，由于社会组织扎根于社区，双向或多向的权力流动，使其具有较强的灵活性，避免了政府在科层制之下的结构僵化和效率低下的问题；另一方面，社会组织的非营利性，有效克服了市场的盲目性和公平缺失的问题；此外，社会组织的志愿性质，决定了它可以有效承担"一些政府部门不该做或做不好，企业做却未必有效的公共事务"。

（三）合作主义理论，又称为委托—代理理论

该理论主张在市民与政府间引入社会组织这样一个类似于"桥梁"的协调性因素，来实现国家与社会的合作，其实质是一种"委托—代理"机制：政府通过委托代理的方式，赋予社会组织以合法性地位并给予经济上和政策上的支持，社会组织在确保自身独立性的前提下接受政府的规范和指导，承担相应的公共服务职能，帮助政府实现职能转移。在这种委托—代理模式下，政府和社会组织之间不再是行政隶属关系，而是一种双

赢的合作伙伴关系。

（四）治理理论

20 世纪 90 年代，伴随耗散结构理论、混沌学理论、突变论、超循环理论和自组织理论等"复杂性科学"的兴起，治理理论也逐渐成为公共管理的最新理论范式。该理论认为，在国家与社会的合作过程中，相互间是一种彼此依赖关系，在治理系统内存在自组织网络，因此，该理论强调国家与社会的合作、政府与非政府组织的合作、公共机构与私人机构的合作、强制与自愿的合作，通过合作、协商、伙伴关系，确立信任和共同目标来实现对公共事务的管理。治理理论旨在通过政府权力的下放，来构建社会组织与市场之间、社会组织与政府之间的良性互动网络机制和体系，从而发挥各主体的最大优势，促进多中心治理和多层次治理格局的形成，最终实现社会发展和公共利益的最大化。

关于社会组织在中国城乡一体化进程中的作用，我国学者陶志峰等认为，在城乡一体化进程中，社会组织可以有效实现不同意愿的表达，鼓励人们参与公共事务，实现政策导向等功能。社会组织具有天然凝聚社会资本的优势，可以通过运作社会资本及其表现形式来提高公民参与程度、整合社会资源、形成有效的社会规范，建立良好的治理制度运行的基础，从而不断提高城乡一体化地区自我服务与管理的能力。他们在对张家界和济源两地进行调研和分析的基础上，提出了加强社会组织在城乡一体化进程中积极作用的三点政策建议：（1）建立"政府—企业—社会组织"新型合作组织，充分发挥三者的优势和力量整合，同时又尽量规避各自的劣势，实现多方共赢；（2）对城乡一体化社会组织在内的各类社会组织，采取区别对待政策；（3）打破垄断，引入社会组织的竞争机制，提高运营效率。[1]

综上表明，国内外学者对于社会组织在城乡社会治理中的作用这一认

---

[1]　陶志峰、陈光普、刘远立：《社会组织在中国城乡一体化进程中的作用与机制创新》，《中国行政管理》2012 年第 8 期。

识上存在以下两点共识：（1）城乡一体化发展不仅需要市场化机制的推动，同时更需要非市场机制的补充调节，因此，城乡社会治理的主体不仅仅是市场和政府，还应注重其他能够承担和履行公共事务管理的多种社会组织主体，且治理方式也应是多样化的；（2）社会组织作为统筹城乡的治理工具并非补充性的，而是应和市场机制一样具有基础性和优先性的地位，城乡治理变革要想取得根本性的进展，势必要在政府、市场、社会组织之间建构一种基于信任、合作、互动和网络联结的协同运作机制。

二、社会组织参与城乡社会治理的模式研究

城乡社会组织作为我国城乡一体化进程中的一股新生力量，在城乡的社会治理、发展和演进中正发挥着积极的作用。对此，国内学者十分关注和重视城乡社会组织在城乡治理变革和落实城乡一体化发展战略中的重大意义。关于社会组织参与城乡社会治理的模式，不同的学者从不同的视角对社会组织的发展模式进行了划分。王名、贾西津将社会组织的发展模式归纳为"自上而下的自治化道路"和"自下而上的自主化道路"两种，前者的基础在于政府改革和由此带来的政府职能的社会化，后者的基础则在于经济改革和对外开放所带来的民主化和广泛的公民参与。[①] 康晓光、韩恒从政府管理社会组织的方式这一视角，将社会组织的发展模式分为政府主导型、政府影响型和组织自主型三种。从统筹城乡的视角出发，社会组织参与城乡治理的模式主要表现为以下几种：

（一）城市社区社会组织

改革开放以来，中国城市经历了从"街居制"向"社区制"的社会管理体制转型，城市社区社会组织与城乡社会建设和城市社区建设有着密切的联系，它的培育、发展和壮大在很大程度上关系着城乡一体化的顺利推进。夏建中等在对全国 6 个城市进行实证调查的基础上，总结了城市社

---

① 王名、贾西津：《中国 NGO 的发展分析》，《管理世界》2002 年第 9 期。

区社会组织发展模式的七个特点：（1）政府主导下的政社合作平台和机制；（2）各类社会组织的结构分布不平衡；（3）经费来源较单一，主要依靠政府拨款，其他筹资渠道尚不成熟；（4）政府兼任或任命的组织领导人数远远大于组织自身产生的领导人数；（5）政府推动成立的组织数量远远大于居民自发形成的组织数量；（6）在居民参与上，"自上而下"安排的社区活动表现为"小众参与"，而"自下而上"的贴近居民需求的活动则表现为"大众参与"；（7）不同经济发达地区存在社会组织发展不平衡的情况。①

社会组织的发展与中国城市社区建设的发展在时间上是基本同步的，二者之间是两条相互影响的脉络。罗峰认为，社会组织在城市社区建设中需要同时发挥客体、主体与公共领域这三种功能：（1）作为城市社区建设的客体，社会组织必须处于政府的领导与管理之下；（2）作为城市社区建设的主体之一，社会组织必须扎根于社区，利用政府的"放权"空间，充分发挥自身的专业优势，服务社区建设；（3）作为公共领域的重要组成部分，社会组织必须从自身存在和发展的内在规律出发，在国家与社会之间找到合适的角色定位，发挥自身在促进国家与社会良性互动与协调发展中的积极作用。②

（二）农村新型合作组织

统筹城乡发展，推进城乡一体化，重点和难点都在农村。建设新农村，不仅仅局限于农村地区自身建设，而是必须置于城乡一体化的系统框架下加以考察和构建。因此，探索社会主义市场经济条件下的新型合作化道路，是解决"三农"问题、实现城乡一体化的关键所在。党的十七届三中全会通过的《中共中央关于推进农村改革发展若干重大问题的决定》

---

① 夏建中、张菊枝：《我国城市社区社会组织的主要类型与特点》，《城市观察》2012年第2期。

② 罗峰：《城市社区建设中社会组织的角色定位——基于国家与社会的视角》，《理论导刊》2014年第3期。

突出强调"培育农村服务性、公益性、互助性社会组织，完善社会自治功能"。农村社会组织作为农村新型社会治理结构的重要主体，它的发展规模和成熟程度是决定当前农村社会治理体系和治理能力现代化建设能否顺利开展的关键。尽管当前农村虽已初步建立促进农村参与公共事务管理的村民自治制度，但由于这一制度的构建是基于政治控制与经济发展，因此无法完全覆盖农村基层的社会管理和公共服务职能，导致一些边缘性公共领域与突发性公共问题等方面存在社会管理盲区。

张云英认为，适合当前农村社会实际的社会管理新模式应是以村党组织为核心，以群团组织和社会组织为辅助的"一体两翼"的社会管理新框架①：通过健全组织设置，明确主体责任、规范运行机制，来确保村党组织居于核心地位，发挥对其他社会组织和群团组织的主导性作用；共青团、妇联等群团组织围绕着村党组织，充分利用自身职能，发挥协调和整合作用；行业协会、专业合作社、村民理事会、农民艺术团、志愿者服务队等社会组织，在村党组织的领导下，组织群众开展活动，参与民主管理，发挥基础性作用，从而建立健全农村社会的利益协调机制、诉求表达机制、矛盾调解机制和权益保障机制，真正发挥农村社会组织在参与新农村建设与管理中的基础性作用。

2013 年 10 月，在中国人民大学国家发展与战略研究院和可持续发展高等研究院共同举办的研讨会上，学者们普遍认为，构建农民专业合作、供销合作、信用合作"三位一体"的农村新型合作组织可作为新一轮农村改革的目标。所谓"三位一体"，是以政府为主导，以农民为主体，把农民专业合作、供销合作、信用合作等组织联合在一起，组建合作协会，并以此为平台支撑，整合各种资源，充分发挥为农服务的流通、金融、科技三重功能，发展贯穿县、乡、村三级的组织网络，构建农村新型合作体系。"三位一体"的农村新型合作组织的构建，对于当前推动农村市场

---

① 张云英：《农村社会组织：农村社会管理创新的基础》，《湖南农业大学学报（社会科学版）》2011 年第 6 期。

化、提高农民组织化将具有积极而深远的意义。

（三）枢纽型社会组织

自 2009 年以来，北京、上海、广州、天津等地积极探索枢纽型社会组织参与社会管理与公共服务的实践模式。枢纽型社会组织作为近年来社会自主管理创新的成果之一，这一概念首次出现在 2008 年 9 月北京市社会工作委员会出台的《关于加快推进社会组织改革与发展的意见》之中，并被正式界定为"由负责社会建设的有关部门认定，在对同类别、同性质、同领域社会组织的发展、服务、管理工作中，在政治上发挥桥梁纽带作用、在业务上处于龙头地位、在管理上承担业务主管职能的联合性社会组织"。

彭善民以各地的实践形态为依据，将其归纳为三种类型：（1）按"属人"性质划分的政治性人民团体，如工会、妇联、残联等；（2）按"属业"性质划分的行业协会，如经济类组织、社会类组织等；（3）按"属地"性质划分的综合性社会组织联合会或社区组织服务中心。[①] 与单一的操作型社会组织相比，枢纽型社会组织具有综合式管理特征，对多个单一组织提供支持性管理或服务，可以有效发挥同类社会组织的整体合力，有利于整合社会资本，降低机构的运作成本，甚至起到功能性"社区"的作用。对于枢纽型社会组织而言，核心能力不仅在于对人财物等资源的整合、协调与规范，而且还包括信息服务能力、自律能力以及相关制度建设能力的提升。

当前中国正在经历城镇化高速发展的阶段，中国社会已逐渐从传统的"熟人社会"向现代的"陌生人社会"转型。"陌生人社会"的形成，不可避免地对"单位制"社会管理体制提出了严峻的挑战。因此，如何在居民与社会组织之间搭建有效的共同体和回应需求的平台，成为新时期城

---

① 彭善民：《枢纽型社会组织建设与社会自主管理创新》，《江苏行政学院学报》2012 年第 1 期。

乡社会治理面临的一个难题。基于此，兼具合法性、代表性、权威性和示范性等特征的枢纽型社会组织是"陌生人"城市背景下重构政府与社会关系的切实有效的路径选择。一方面，枢纽型社会组织通过在广大社会组织之间建立横向的合作网络，来搭建社会组织互利合作、资源流通的平台，有效承接政府的社会管理和公共服务职能，推动和实现政社分开、管办分离；另一方面，利用组织节点重塑公共空间关系和情感认同，发挥枢纽型组织的辐射和导向作用，重构政府—社会—个人的良性关系，使"陌生人社会"成为社会良性发展、个人自我实现的和谐社会。[①]

枢纽型社会组织是社会转型时期基于对社会的整合和社会组织的凝聚应运而生的一种特殊时代产物，是统筹城乡背景下促进国家与社会关系协调发展的有益尝试。从国家与社会的关系视角出发，构建枢纽型社会组织的意义在于，充分发挥社会组织的中介角色和整合功能，将国家对社会的培育和管理有机统一起来，推动国家与社会的良性运行与和谐发展。

三、社会工作介入城乡社会治理的机制研究

城乡社会组织的培育和发展，离不开社会工作服务。统筹城乡、实现城乡一体化发展，必须强化农村社会组织建设，推进农村社会工作职业化。作为工业化和现代化的产物，社会工作既是解决社会问题、维护社会稳定的一种科学方法，也是促进社会良性运行和协调发展的一项现代社会制度。我国正处于社会转型的关键时期，社会工作是城乡社会治理体系和治理能力现代化建设中亟待开发的领域，探索社会工作在推进城乡一体化发展战略、实施乡村振兴战略中的专业性、技术性、适应性以及可操作性，对促进我国社会治理创新具有重要的理论意义和现实意义。

社会工作的职业化与专业化建设对于更新社会管理理念、创新社会管

---

① 叶林：《"陌生人"城市社会背景下的枢纽型组织发展》，《中国行政管理》2013 年第 11 期。

理方式、促进社会组织发育、拓宽社会服务领域，对于实现社会关系的和谐、维护社会稳定与良性运行具有非常重要的现实意义。社会工作将成为未来中国社会管理体制创新的一支重要变革力量。[①] 社会工作作为一种新生的社会力量，正是在服务的意义上参与社会治理的，其遵循的逻辑结构是"理念上的源头治理—主体上的系统治理—机制上的综合治理—原则上的依法治理"。

在社会治理体制中，社会工作所从事的是基础—服务型治理，这一治理呈现出如下基本特点：（1）社会工作主要通过提供服务来参与社会管理；（2）社会工作是面对社会基层的服务；（3）社会工作要解决的是基本民生问题；（4）社会工作力图在深层次上解决社会问题。[②]

关于社会工作介入城乡社会治理的机制和路径，何增科提出，在我国社会管理体制走向多主体、多元化治理的社会管理新模式背景下，发展我国的社会工作，应当遵循推动社会工作职业化、专业化、社会化、社区化、体系化、本土化的思路来进行。[③] 关信平从社会工作介入农民工服务的视角出发，认为专业社会工作服务农民工不仅是深化解决农民工问题的需要，同时也是推动社会工作人才队伍建设的重要动力；社会工作可以在很广泛的领域中为农民工提供服务：社区服务领域、企业社会服务领域、农民工培训、学校社会工作、媒体社会工作、婚姻家庭领域、心理辅导、社会福利、社会救助与反贫困工作、人民调解与社区矫正工作等；与此同时，社会工作者除了对农民工提供上述的普遍性服务外，还应重视农民工中的一些特殊群体，如：女性农民工、青年农民工以及从事一些特殊工作

---

① 文军：《社会工作：和谐社会管理体制创新的变革力量》，《西北师范大学学报（社会科学版）》2008 年第 1 期。

② 王思斌：《社会工作在创新社会治理体系中的地位和作用——一种基础—服务型社会治理》，《社会工作》2014 年第 1 期。

③ 何增科：《社会管理体制改革背景下的社会工作发展思路——中国社会管理体制改革与社会工作发展研究之三》，《毛泽东邓小平理论研究》2007 年第 10 期。

的农民工等。① 陈成文也从农村社会治理的视角出发，提出现实农村善治必须强化农村社会组织建设，推进农村社会工作职业化；他在分析农村社会管理的难点及社会组织在人口、社会治安、利益诉求以及特殊人群管理方面优势的基础上，提出了推进农村社会工作职业化制度建设、提高农村社会工作队伍专业化水准、优化农村社会工作者的成长环境等若干设想。②

　　综上表明，伴随我国工业化、城镇化和现代化进程的不断加快，社会工作作为一种社会建构，对于统筹城乡发展的迫切性突出表现为：社会工作遵循以人为本、助人自助、平等公正的专业价值观，运用科学方法和专业技能，协助个人和社会解决问题，以最大限度地激发个人和社会的潜能，增进个人和社会的福利，促进个人的发展和社会进步。因此，深入探索社会工作介入城乡社会治理的必要性及其路径、机制，对于当前推进国家治理体系和治理能力现代化建设、实现城乡一体化发展具有重大的现实意义。

---

① 关信平：《社会工作介入农民工服务：需要、内容及主要领域》，《学习与实践》2010 年第 4 期。

② 陈成文：《现实农村善治必须推进农村社会工作职业化》，《湖南农业大学学报（社会科学版）》2011 年第 6 期。

第三章 共治之基：基金会协同 社会治理研究框架

2019 年 10 月，党的十九届四中全会审议通过《中共中央关于坚持和完善中国特色社会主义制度、推进国家治理体系和治理能力现代化若干重大问题的决定》，提出"坚持和完善共建共治共享的社会治理制度"，"完善党委领导、政府负责、民主协商、社会协同、公众参与、法制保障、科技支撑的社会治理体系"。在构建基层社会治理新格局的具体设想中，进一步明确在健全党组织领导的前提下，要"发挥群团组织、社会组织作用……实现政府治理和社会治理、居民自治良性互动，夯实基层社会治理基础"。

在推进国家治理体系和治理能力现代化的进程中，党和国家高度重视社会组织的能力和作用，将社会组织视为组织、凝聚和服务社会公众的重要载体，也是构建基层社会治理新格局的关键性力量之一。作为一种基本的社会组织和制度形态，基金会不同于政府、企业，也有别于一般的非营利组织。在推动社会治理和服务重心向基层下移的过程中，基金会作为向社会募集资源的平台，被赋予了不同的角色，成为社会治理创新的重要主体。我国在 1981 年成立了第一家基金会。2004 年《基金会管理条例》出台，条例明确规范了基金会内部治理、财务会计制度和善款使用等内容。基金会发展速度加快，社会影响力进一步提升。全国多个省份下放基金会登记管理权限，促进了非公募基金会的发展。自党的十八届三中全会明确提出要进一步促进社会组织的发展以来，中国基金会便进入了快速发展阶段。基金会因其在激发社区公益、解决社区问题、转变政府职能、推动社区合作治理等方面的重要意义而成为理想的社会治理参与主体。

中国基金会呈现出较为显著的政府主导特征，受到自上而下的行政驱动，与政府部门尤其是基层政府具备紧密联系，具备较高合法性。同时根植于基层社会的基金会，在推动基层自治、开拓社会资源、破解社区治理困境、动员社区参与、提升共同体凝聚力等方面发挥积极作用，成为基层社会治理的可靠参与主体，从而最大程度配合基层社会治理格局构建。

基金会协同社会治理既是对原有体制的改革与优化，也是对社会多元主体间的利益协调与再分配，通过基金会进行关系构建与平台搭建能够很好地促进政府、市场与社会组织三方共建共治共享。发挥"多元协同"的共治合力，用以应对信息化、城镇化、市场化、国际化带来的社会利益格局、社会矛盾、社会秩序等急剧变革，是适应现代社会治理的客观要求与普遍性选择，有助于推动国家治理现代化在基层的有序实现，有助于中国特色基层社会治理体系建设。

第一节　社会协同理论概述

不同的历史时期以及不同的社会发展阶段，其主要任务也不相同。随着我国改革开放进程的不断推进，社会协同作为社会治理中重要的一环备受有关部门和学者的关注。到底什么是社会协同？如何进行社会协同治理？社会协同的基础是什么？社会协同的主体是谁？回答这一系列与社会协同相关的问题，对于完善和创新当前我国的社会治理具有重大的理论意义和实践意义。

一、社会协同的含义

联邦德国斯图加特大学教授、著名物理学家哈肯（Haken）在 1917年首次提出了协同的概念，并于 1976 年发表的《协同学导论》中系统地论述了他的协同理论。哈肯的协同论认为，千差万别的系统，尽管其属性不同，但在整个环境中，各个系统间存在着相互影响而又相互合作的关系。其中也包括通常的社会现象，如不同单位间的相互配合与协作，部门间关系的协调，企业间相互竞争的作用，以及系统中的相互干扰和制约等。协同论指出，大量子系统组成的系统，在一定条件下，由于子系统相互作用和协作，这种系统研究的内容，可以概括为从自然界到人类社会各种系统的发展演变，并探讨其转变所应遵守的共同规律。应用协同论方法，可以把已经取得的研究成果，类比拓宽到其他学科，为探索未知领域提供有效的手段，还可以用于找出影响系统变化的控制因素，进而发挥系统内子系统间的协同作用。事实上，协同论的应用相当广泛。它在物理学、化学、生物学、天文学、经济学、社会学以及管理学等方面都取得了重要的成果。比如我们常常无法描述一个个体的命运，但却能够通过协同论去探求群体的"客观"性质。又如，针对合作效应和组织现象能够解决一些系统的复杂性问题，可以应用协同论去建立一个协调的组织系统以实现工作的目标。毋庸置疑的是，协同论是现代系统思想的发展，为我们当前处理复杂的社会管理中存在的问题提供了新的思路。

作为新时期完善和创新社会治理重要的一环，社会协同不仅具有协同论思想的精神内涵，而且具有自身新的含义。这里的社会协同是新时期我国社会治理格局中重要的一部分，与其他几个方面共同构成我国社会治理体系。在这一过程中，社会组织要承担起协同党和政府进行社会治理的功能，公民个人也要发挥广泛参与社会治理的作用。因此，这里的社会协同主要是指社会组织如何发挥协同的功能，与党和政府共同治理好当前社会。马凯认为：社会协同就是要发挥各类社会组织的作用，整合社会管理资源，积极推动建立政府调控机制同社会协同机制互联、政府行政功能同社会自治功能互补、政府管理力量与社会调解力量互动的社会协同管理网络。① 当前社会是一个高度组织化的社会，社会组织作为社会中极为重要的一分子，发挥自身的力量并协同党和政府不断完善和创新社会治理，不

① 转引自黄静、周宇：《基层社会管理的社会协同问题研究》，《成都行政学院学报》2011年第1期。

仅是自身的应有之义，亦是社会发展的内在要求。

因此，所谓社会协同即是指在我国社会主义社会范围内，具有合法社会地位的各类社会组织，在党和政府的领导下，与政府、企业、社区以及各类社会组织间通过协同的方式共同治理社会（见图3-1）。概括地说，社会协同应有以下几方面的含义：（1）确保社会运行有序，有序是社会系统在自身运动的"要素和功能组合、时空结构组合和演化进程顺序等方面具有确定性、周期性、可预测性或规则性的表征"；（2）有效整合党、政府、社会组织、公民个体的资源和力量，促进社会治理的责任共担；（3）充分整合社会利益、化解社会矛盾，促进社会道德、社会价值整合，形成利益协调机制、价值共识机制，实现社会的和谐发展；（4）推动国家与社会的良性互动，推动公民社会的建设与发展，推动政治体制改革。①

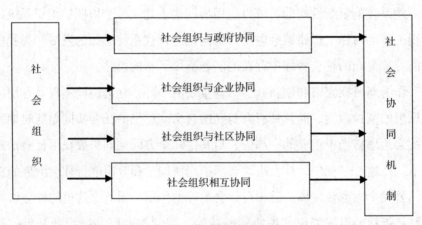

图 3-1　社会协同的含义②

二、社会协同理论

自 20 世纪 70 年代德国教授赫尔曼·哈肯提出协同学以来，协同理论

---

① 康忠诚、周永康：《论社会管理中社会协同机制的构建》，《西南农业大学学报（社会科学版）》2012 年第 2 期。
② 朱力、葛亮：《社会协同：社会管理的重大创新》，《社会科学研究》2013 年第 5 期。

在西方得到了广泛的研究。基于社会协同对当前社会治理的重要意义，国内关于社会协同理论的探讨大致开始于 2004 年"建立健全党委领导、政府负责、社会协同、公众参与"的社会管理格局的提出。

葛小凡（2004）在《社会协同论初探》一文中从系统论的观点出发，认为社会系统中人与人之间的关系主要有两种：（1）阶级斗争；（2）社会协同。阶级斗争主要在生产关系变革的历史时期起主导作用，而在生产关系的稳定时期，社会协同则起着关键的作用。认清社会协同的特点并灵活运用，可以大大促进社会发展，即社会系统的整体优化。[①] 陶国根认为，社会协同是社会管理体制改革的关键所在。政府失灵、市场失灵和非政府组织失灵共存的基本事实表明，社会管理仅靠某一方面是不够的。改革社会管理体制，必须将协同理论引入到社会管理活动中，使各参与社会管理的主体之间保持协同、合作，以实现公共管理事务效益的最大化。为此，他从社会资本理论的视角，探讨了社会协同与社会资本的关联性，认为社会资本为完善社会管理体制，实现社会协同提供了坚实的基础。[②] 黄静等则从分析基层社会管理的社会协同存在的问题入手，构建了社会管理的高效社会协同模型。他们认为当前的社会是一个追求善治的多元治理社会，社会协同主体作用的发挥也必须解决并处理好与党委、政府和公民社会的协作问题，同时也要通过各项正式与非正式制度的协调来保障这一体制和机制的有效运转（见图 3-2）。尚秋谨等则从"党委领导，政府负责，社会协同，公众参与"的社会管理格局出发，阐述了什么是良性官民生态，回答了社会管理中为什么要倡导良性官民生态，通过倡导良性官民生态，进而形成协同共治型管理模式。此种模式在具体的构建过程中需要着力培养和塑造"积极公民"的角色；加快推动各类非政府组织的发展与完善；充分发挥企业组织在社会管理中的积极作用。通过构建良性的官民生态模式可以推进协同共治型社会管理模式的形成，从而实现社会管

---

① 葛小凡：《社会协同论初探》，《系统辩证学学报》2004 年第 1 期。

② 陶国根：《社会管理体制改革中的社会协同问题研究——以社会资本理论为视角的探讨》，《四川行政学院学报》2009 年第 1 期。

理的创新、社会管理的"协同共治"及"善治"状态。① 朱力、葛亮认为，社会协同是指社会各行动主体之间形成紧密配合的和谐关系与相互支持的合作行动。社会协同是社会管理的重大创新。做好社会协同工作，首先需要明确协同的主体是谁；其次要明确协同主体各自的职能是什么；最后要明确协同的机制是什么。社会协同是社会组织与政府、企业、社区以及社会组织自身的协同。②

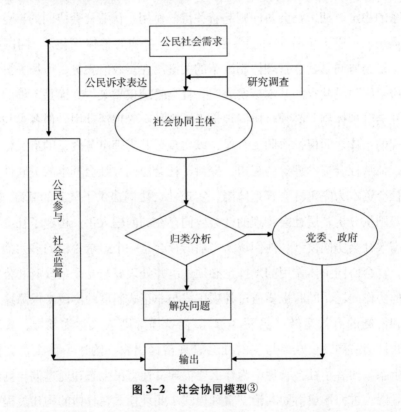

图 3-2　社会协同模型③

社会协同不仅具有社会学意义上的社会整合、社会团结的内涵，而且

---

① 尚秋谨、赵仲杰：《良性官民生态：协同共治型社会管理的基础》，《理论学刊》2012 年第 8 期。

② 朱力、葛亮：《社会协同：社会管理的重大创新》，《社会科学研究》2013 年第 5 期。

③ 黄静、周宇：《基层社会管理的社会协同问题研究》，《成都行政学院学报》2011 年第 1 期。

具有公共管理学意义上的政府管理、社会治理的内涵。党的十七大报告提出要"健全党委领导、政府负责、社会协同、公众参与的社会管理格局"，理顺政党、政府、社会组织、公民个体之间的协同合作关系，具体构建五个机制：权力整合协同机制、资源整合协同机制、利益整合协同机制、价值整合协同机制、信息整合协同机制。党的十八届五中全会提出了创新、协调、绿色、开放、共享的"新发展理念"，其中"协调"理念的提出，要求推进国家治理体系和治理能力的现代化，必须依靠多元治理主体的共同介入。党的十九届四中全会进一步提出"坚持和完善共建共治共享的社会治理制度，保持社会稳定、维护国家安全"，为此"必须加强和创新社会治理，完善党委领导、政府负责、民主协商、社会协同、公众参与、法治保障、科技支撑的社会治理体系"。

第二节　协同治理理论

作为一种新兴理论，协同治理理论是自然科学中协同理论和社会科学中的治理理论的交叉理论。尽管协同理论和治理理论分别在自然科学和社会科学中应用广泛，但协同治理理论却是刚刚起步，有待学者们进一步探讨和研究。

关于协同治理的含义当前认同度比较高的是联合国全球治理委员会的阐述："协同治理是个人、各种公共或私人机构管理其共同事务的诸多方式的总和。它是使相互冲突的不同利益主体得以调和并且采取联合行动的持续的过程。其中既包括具有法律约束力的正式制度和规则，也包括各种促成协商与和解的非正式的制度安排。"[1] 此概念强调的是协同治理主体的多样性、子系统的协作性、系统的动态性、自组织的协调性等特点。不同的西方学者对协同治理也给出了自己的定义，尽管各自的定义强调的重点不同，但基本上有两个共同点：（1）除政府以外的行动者加入到社会

---

[1]　俞可平主编：《治理与善治》，社会科学文献出版社2000年版，第5页。

治理中；（2）各行动者共同努力以期达到共同的目标。而国内学者姚迈新认为："协同治理强调多元主体间的合作共治，是政府部门与非政府部门等众多公共行政主体在相互依存的环境里彼此合作，分享公共权力，使冲突和多元利益得到相互调适，对社会公共事务进行有效治理的过程。"[①] 郑巧等则基于协同理论和治理理论，认为协同治理是指在公共生活过程中，政府、非政府组织、企业、公民个人等子系统构成开放的整体系统，货币、法律、知识、伦理等作为控制参量，借助系统中诸要素或子系统间非线性的相互协调共同作用，调整系统有序、可持续运作所处的战略语境和结构，产生局部或子系统所没有的新能量，实现力量的增值，使整个系统在维持高级序参量的基础上共同治理社会公共事务，最终达到最大限度地维护和增进公共利益之目的。[②] 李汉卿则认为协同治理就是寻求有效治理结构的过程，在这一过程中虽然也强调各个组织的竞争，但更多的是强调各个组织行为体之间的协作，以实现整体大于部分之和的效果。[③] 从上述定义分析可以看出，无论是西方学者还是国内学者，对协同治理的论述都强调治理主体的多元化，因此，我们认为所谓协同治理是指以政府为社会治理的主导力量，社会各合法团体发挥辅助治理的功能，多元治理主体共同努力达到社会治理最优的一种治理方式。

尽管协同治理理论还处于刚刚起步阶段，但近年来学者们从不同视角进行了诸多探讨和研究。有学者专注于协同治理理论的学理性探讨，如李辉等从"善治"的角度出发，认为协同治理通过资源和要素在主体间的良好匹配，促使政治国家与公民社会的合作关系达成最佳状态，是实现从治理到善治的有效途径。指出协同治理主体间的相互合作具有匹配性、一致性、有序性、动态性和有效性的特征，并对善治视野下协同治理理论的

---

① 姚迈新：《社会管理中的协同治理：从理论反思到现实观照——基于珠海社会管理"先行先试"经验的思考》，《中共成都市委党校学报》2011年第2期。

② 郑巧、肖文涛：《协同治理：服务型政府的治道逻辑》，《中国行政管理》2008年第7期。

③ 李汉卿：《协同治理理论探析》，《理论月刊》2014年第1期。

价值进行了分析。① 欧黎明等从信任关系和平台建构层面对社会协同治理进行了分析，指出，信任是社会资本的重要组成部分，协同治理的支撑是社会的信任关系，只有协同者之间产生存在感和信任感，协作意愿才能达成，这是协同治理的保证。而信任关系的建立，关键在于信息互通和利益趋同，这是信任的媒介。在我国，协同治理的主要障碍在于政府组织协同治理的观念不够深入，忽视了对治理主体成长成熟的关注和重视，忽视了治理机制本身的融合和协同。② 而有些学者则从政府公共管理改革与政府转型的角度进行研究，如刘晓认为，在我国的政治语境下，政府传统治理范式向协同治理范式的转变必须以坚持党的领导为政治前提，着重推行政府再造，加强与协同治理相适应的行政生态文化重塑，积极培育"第三部门"，并构建较为完备的协同治理制度体系。③ 朱纪华认为，在新的历史时期，政府协同治理的范式创新成为必然。这就有必要增进政府与第三部门、私人部门的合作，加快多元化管理主体的培育，转变政府职能，完善协同参与的机制，建立起政府、市场、第三部门等三维框架下的多中心协同治理体制，以实现更为良好的社会治理。④ 另外还有学者从危机管理的角度出发，认为协同治理对于解决当前的管理危机的有效性。如张立荣等认为，我国的公共管理危机体系存在诸如危机管理主体单一、社会力量的参与不足、制度设计粗放、形式主义严重等问题。他们将协同应用于我国的公共危机管理，从完善协同治理的法规制度、优化协同治理的权责体系、加强协同治理的资源保障、搭建协同治理的信息平台、培育协同治理的社会资本等方面探究了构建公共危机协同治理机制的路径。⑤ 很显然，协

① 李辉、任晓春：《善治视野下的协同治理研究》，《科学与管理》2010 年第 6 期。

② 欧黎明、朱秦：《社会协同治理：信任关系与平台建设》，《中国行政管理》2009 年第 5 期。

③ 刘晓：《协同治理：市场经济条件下我国政府治理范式的有效选择》，《中共杭州市委党校学报》2007 年第 5 期。

④ 朱纪华：《协同治理：新时期我国公共管理范式的创新与路径》，《上海经济管理干部学院学报》2010 年第 1 期。

⑤ 张立荣、冷向明：《协同治理与我国公共危机管理模式创新——基于协同理论的视角》，《华中师范大学学报（人文社会科学版）》2008 年第 3 期。

同治理是我国当前创新社会治理体系十分明智的选择，它不仅能弥补政府主体治理的缺陷，而且还可以最大化整合和发挥社会各合法团体的作用。

第三节　社会组织协同社会治理

关于非政府组织为何参与社会治理，国内外的专家和学者们从不同的角度做了深入的研究和探讨，归结起来有以下几种主要观点：

一、三元结构理论

德国社会学家哈贝马斯把经济领域分为"公共领域"和"私人领域"，并提出了"公共领域—私人领域—国家"的三元结构理论，强调非国家领域对社会治理的积极作用。

二、市场失灵与政府失灵理论

这一理论由美国经济学家韦斯布罗德于 1974 年提出，该理论可以用一句话来概括：第三部门是提供公共物品的私营机构。公共物品的涵盖面广，且日益复杂多变，完全由政府提供是不现实的。同时，社会成员对公共物品的需求也存在较大异质性，政府在做出选择的时候只能从大处着眼，不可能面面俱到，这势必造成一部分成员的需要得不到满足。同时，非政府组织的志愿性、民间性等特征，使其能够提供较准确的信息，以低于政府的成本满足多样需求，同时也解放了政府，政府失灵和市场失灵刺激了非政府组织的发展。因此非政府组织被看作除市场和政府以外的第三种可供选择的解决问题的方式。

三、志愿失灵

志愿失灵是指个人或者集体自愿的非政府组织在其志愿活动运作过程中出现种种问题使得志愿活动无法正常进行的现象。主要表现为一方面志愿团体不断展开行动试图帮助弱势群体，社会各界亦给予一定的关注与支持，但另一方面受助群体仍不能有效地得到帮助或者某一些群体得到过剩的帮助而另一些群体得不到帮助。总的来说，受助群体得到的收益远小于社会付出的资源。

刘润华认为，推进社会领域改革就是要厘清政府与社会，主要是政府与社会组织的关系，发挥社会自治在社会治理中的基础性作用，承认社会组织在新的社会治理结构中的主体地位。谢舜等认为社会组织在了解和反映民生需求、递送公共服务、调节公共冲突等方面充当着重要角色，因而在社会治理中能起到独特的作用；并提出释放社会组织生存空间是发挥作用的前提，激发社会组织活力是发挥作用的关键，加强社会组织自身建设是发挥作用的保障。[①]

民盟广州市委员会结合广州市社会组织的发展情况，提出了推动社会组织建设的建议：（1）制定有关地方性法规，为社会组织的培育与发展创造良好的外部环境，建立完善培育机制；（2）对社会组织进行分类管理，突出社会组织的非营利性特点；（3）推动社会组织的能力建设；（4）正确处理好社会组织发育和规范管理的关系。关于社会组织在社会治理中的积极作用已经得到了学术界的肯定，除了在理论上得到积极探讨外，也得到了政策部门的认可。

中国长期以来呈现"强政府、弱社会"的格局，政府与社会高度合一，社会被纳入政府的权力体系中，行政权力体系在经济与社会发展资源配置中占绝对支配地位。改革开放以来，我国社会组织获得了前所未有的发展。在城乡社会生活中涌现出了大量学会、研究会、协会、商会等社会团体，以及民办的学校、医院、文化设施、福利设施等，伴随着社会财富的增加，还出现了基金会一类的民间资助机构。随着市场经济的发展，经济的多元化也带来了社会结构的分化，社会形态也正在从紧密型和高度组织化迅速走向松散型和非组织化。社会组织具有服务多样、灵敏高效等特

---

① 谢舜、王玉生、傅金鹏：《发挥社会组织在社会治理中的重要作用》，《广西日报》2014 年 4 月 22 日。

点，是实施政府职能的重要组织力量，又是建立市场经济体制必备的支撑体系。引入社会组织作为社会管理主体，让社会组织在社会的再组织过程中发挥载体作用，以协同治理应对政府和市场协调的失败，达到资源配置的最优化，能最大程度地促进和保障公民权益。

第四节　基金会协同社会治理研究框架

党的十八届三中全会《中共中央关于全面深化改革若干重大问题的决定》（以下简称《决定》）明确指出："创新社会治理，必须着眼于维护最广大人民根本利益……激发社会组织活力，创新有效预防和化解社会矛盾体制，健全公共安全体系。"《决定》中使用"社会治理"代替"社会管理"，表明党和政府意识到在我国社会发展的重要战略机遇期，社会矛盾凸显，社会管理面临着新情况和新问题，原来行之有效的管理理念、管理制度、管理手段和管理方法已经难以完全适应。

党的十九大以来，《慈善法》的颁布以及推进国家治理体系与治理能力现代化的提出，进一步强化了对我国社会组织成长和发展的要求，迫切需要慈善组织参与到社会治理中去，慈善组织也有着其不可替代的作用。现代社会治理体系要求政府从具体的社会公共事务中抽身，专注于提供更好地公共物品与服务，但政府并不是直接生产者，在社会慈善和公益领域，日益发展起来的基金会有着更强的资源动员能力和资金管理、项目运作经验。本书试图从我国社会组织发展的历史与现状入手，结合政府与慈善组织关系模式、基金会参与社会治理的能力建设及其现实困境等方面，提出基金会协同社会治理的创新路径，促进社会"善治"的实现。

一、构建社会组织协同治理的长效机制是我国社会治理的题中应有之义

（一）坚持政府在社会治理中的主导地位

党的十九届四中全会《中共中央关于坚持和完善中国特色社会主义

制度、推进国家治理体系和治理能力现代化若干重大问题的决定》明确提出，"推进国家治理体系和治理能力现代化"。"社会治理"概念的提出表明党和政府认识和实践的不断加深，我国大致经历了管制（传统行政）—管理（新公共管理）—治理（治理现代化）三种状态，[①] 但是无论是在计划经济时期还是改革开放时期，党和政府都要在社会发展中起主导作用，我国各级政府作为国家治理体系最重要的主体之一，在新的治理体系中仍肩负重大作用。从社会管理到社会治理的转变，强调的是社会管理主体的多元化，强调社会组织和个人在社会治理中的重要作用，但并不是弱化政府的作用，而是强调政府治理能力的提高。因此，在新的治理体系中，政府要加强发展战略、规划、政策、标准等的制定和实施，加强市场活动的监管，加强各类公共服务的提供。毋庸置疑，中国各级政府必须在国家治理中起主导作用，即发挥政府在经济建设、政治建设、文化建设、社会建设、生态文明建设中的龙头作用，实现"有效的政府治理"。在社会组织协同治理理论框架内，政府不能等同于一般的社会组织，更不能被边缘化，而是要更好地体现政府的执政能力和驾驭社会复杂局面的能力，发挥政府在社会治理体系中的主导作用，巩固党和政府在新时代的领导地位。

（二）激发基金会在协同社会治理中的活力

党的十八届三中全会《决定》明确要求："激发社会组织活力。正确处理政府和社会关系，加快实施政社分开，推进社会组织明确权责、依法自治、发挥作用。适合由社会组织提供的公共服务和解决的事项，交由社会组织承担。支持和发展志愿服务组织。限期实现行业协会商会与行政机关真正脱钩，重点培育和优先发展行业协会商会类、科技类、公益慈善类、城乡社区服务类社会组织，成立时直接依法申请登记。加强对社会组织和在华境外非政府组织的管理，引导它们依法开展活动。"

基金会作为国家与社会、政府与市场之间的媒介，具有公共性功能，

---

① 　许耀桐：《当代中国国家治理体系分析》，《理论探索》2014年第1期。

可以接受政府授权，承担公共事务管理。[①] 作为政府和市场之外社会治理最重要的社会治理主体之一，基金会的基层性和多元性为建立人与人之间公正合理、良性互动的机制提供了有利的条件，而基金会的利他性、公共性的特征，是构建国家治理的重要财富资源。党的十八届三中全会《决定》为社会组织协同治理提供了良好的政策环境和支持，因此，构建基金会协同社会治理的理论框架，一方面需要依靠政府的政策支持，另一方面需要社会组织自身转变观念，抓住市场契机，充分发挥协同社会治理的功能，扮演好社会治理重要主体之一的角色。

（三）构建社会组织协同社会治理的长效机制

基金会协同社会治理作为一项创新社会治理、符合社会发展规律、适应新形势新情况的有效社会治理手段，要发挥应有的、长期的、更大的效用，必须从政策、制度入手，整合政府、市场和社会组织的共同力量，建立行之有效的社会组织协同社会治理的长效机制。而建立社会组织协同社会治理的长效机制是一个系统、复杂、渐进的过程，社会治理各相关主体必须统筹兼顾，坚持以政府为主导，以市场为动力，以社会组织为重点的社会治理机制。

将基金会协同社会治理纳入法律范围，建立行政助推机制。基金会协同治理具有两个基本原则：政府主导和基金会协同。一方面建立政府主导机制，发挥政府的主导作用；另一方面建立基金会配合机制，各社会组织在政府的主导下，依据相关法律，相互配合，明确各自的责任，最终实现整体利益的最大化。同时还应建立信息化支撑机制，通过流畅的信息沟通，达到社会治理的最优效果。

二、协同治理的内涵

治理的理想状态是善治。善治就是使公共利益最大化的公共管理过

---

① 许耀桐：《当代中国国家治理体系分析》，《理论探索》2014年第1期。

程。善治的本质特征，就在于它是政府与公民对公共生活的合作管理，是国家与社会的一种新颖关系，是两者的最佳状态。协同治理虽体现了追求效率的工具理性，但更强调对价值理性的关切，是工具理性和价值理性的有机统一。

（一）协同治理的领域主要是公共服务领域

社会治理的目标是实现政府治理和社会自我调节、居民自治良性互动；鼓励和支持社会组织参与社会治理，激发社会活力；建立畅通有序的诉求表达、心理干预、矛盾调处、权益保障机制；健全公共安全体系。[①]

当前我国公共服务领域面临的突出问题包括：政府治理的单一性，治理主体和权威缺乏多样性，政府表现出一定程度的能力不足；社会活力不足，主要表现是社会主体的行政化取向严重，未能有效发挥参与经济社会发展的作用，甚至在客观上导致社会主体缺失；弱势群体面临社会公平正义的挑战，在自身利益受到危害时社会不能及时提供解压机制，弱势群体利益诉求难以表达，社会心态难以调适，社会阶层、利益群体之间的矛盾没有适宜的化解机制，以及社会保障体系与经济社会发展的不协调等问题。这些公共服务领域的问题需要通过社会治理体制去解决，基金会协同政府社会治理的重点领域是公共服务领域，通过协同治理化解公共服务领域各个方面的突出问题，促进社会治理体系的完善。

（二）协同治理的结构主要包括治理主体、权威、治理系统的协作、动态治理系统、自组织的协调以及社会秩序的稳定

协同治理的主体是政府、市场、社会以及公民个人，其中政府主体在协同治理系统中处于主导地位，其他主体发挥协同配合作用。治理的权威首先是政府公权力所体现的权威，然后包括市场原则的确立，社会组织的

---

① 李立国：《创新社会治理体制》，《求是》2013 年第 24 期。

公信力以及公民的权利与义务。当前协同治理的权威面临很多挑战，例如政府公权力的滥用容易导致政府权威的丧失，从而影响社会对政府的信任度，市场诚信缺失也会导致社会信任的脆弱，以基金会为代表的社会组织近年来也频繁遭遇信任危机，以及公民诚信度的降低等都或多或少地削弱了治理的权威。所以，协同治理需要社会良性资本的培育，社会资本离不开权力、经济、文化资本的良性互动，社会资本是社会治理系统的软实力，是社会治理的基础。在协同治理结构中，政府、市场、社会以及公民个人构成协同治理的多元系统，而且它们之间应该形成一种动态的、协调的、稳定的网络关系结构，这样才能确保协同治理的效果、质量和水平。

（三）基金会协同社会治理的结构同基金会与政府利益契合关系类型密切相关

基金会的发展因素、控制因素及规范因素影响着基金会与政府利益契合关系，不同类型的基金会协同社会治理的结构不尽相同。从治理主体方面看，政府、市场、社会与公民个体是否能够参与治理关键看政府的容纳度，就基金会协同社会治理而言，基金会与政府距离的远近决定着基金会参与治理的可能性大小，如果基金会与政府关系距离较远，很可能造成治理的社会主体的缺失。从治理权威方面看，官办基金会往往本身就嵌入在政府行政运行体系中，所以此类基金会就拥有公权力一般的权威，反之那些还未获得合法身份的组织必然难以获得治理各方的信任与支持，没有权威可言。从治理系统间的协作与协调方面看，政府支持的基金会通常会有机会参与治理，甚至是常规性的协调与配合，同时就治理系统间协作与协调本身来讲，契约型基金会相对地在规范运作方面发挥更重要的作用，契约保证了基金会同政府、市场或公民个人间协作的质量和效率，但是基金会能否获得政府购买合同是契约型基金会治理协作与协调效果的前提条件。从治理系统间动态发展方面看，基金会与政府利益契合关系类型本身的动态性决定了不同时期随着基金会与政府关系类型的转变，其与其他治理主体之间的互动关系也会相应发生改变。

三、基金会协同社会治理研究框架

基金会协同社会治理分析框架主要以基金会与政府利益契合关系为切入点，通过研究基金会的业务范围及其在公共服务领域中的定位，以重庆市基金会为例，探讨基金会协同社会治理的主体、权威、治理系统间的协作关系、治理系统的动态性发展。

基金会协同社会治理研究框架以治理关系、结构、问题、创新为主要线索，按治理关系理想类型分析、不同类型基金会协同治理结构分析、案例分析、对策分析的思路，总结基金会协同治理创新的有效路径（图3-3）。其中，对重庆市基金会协同治理创新的案例分析，主要包括基金会治理关系、公共服务领域的定位及其取得的成绩与协同治理经验、治理结构分析及存在的问题、问题分析及对策建议。

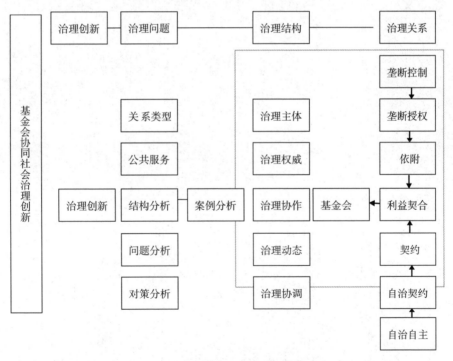

图 3-3　基金会协同社会治理研究框架

最后在协同治理关系、结构、案例分析的基础上，运用类型比较学的方法，就社会组织协同社会治理创新路径提出对策建议，构建社会组织协同社会治理创新的体制机制，以期改善基金会参与社会治理的现状，对促进社会"善治"的实现有着现实和理论的双重意义。

第四章 和合之道：基金会发展及其协同社会治理探索现状

——以重庆市为例

"和合之道"，取自于儒家的"和合"理念。"和"是和谐、和平、祥和；"合"是聚合、合作、融合，也体现了社会治理之道。习近平总书记指出："一个国家选择什么样的治理体系，是由这个国家的历史传承、文化传统、经济社会发展水平决定的，是由这个国家的人民决定的。我国今天的国家治理体系，是在我国历史传承、文化传统、经济社会发展的基础上长期发展、渐进改进、内生性演化的结果。"①

从传统儒、释、道的文化观念中，我们可以窥见中国人"乐善好施"的品格。孟子曰："恻隐之心，人皆有之。"自古以来，民间便有举办各种慈善事业的惯例。主持者和参与者以慈悲为怀。他们坚守儒家仁者爱人的本心，以"仁"为核心。崇尚"君子喻于义，小人喻于利""夫仁者，己欲立而立人，己欲达而达人"。"仁"中最基本的内核，就是对主体"人"的关注与爱护。于是便有了"庶矣哉""富之""教之"的为政思路。"不独亲其亲，不独子其子，使老有所终，壮有所用，幼有所长，鳏寡孤独废疾者，皆有所养"的理念，注重对普通民众的道德教化，实现社会的安定团结与和谐发展。至宋代，理学将"仁"的理念发扬光大。明清以后，"仁"的理念与慈善理念逐步融合，发展成为中国公益慈善的

---

① 中共中央文献研究室编：《习近平关于全面深化改革论述摘编》，中央文献出版社2014年版，第21页。

思想基础。

我国古代社会"皇权不下县"，而县以下的治理主体是当地的乡绅和族长，对社会管理的终极目标就是维护社会稳定和对庶民的教化功能。从传统社会制度来看，以家为中心的社会关系网络构筑起"慈善"的社会风气。从社会阶层的角度看，传统中国民间组织（商会、同业会、同乡会等）为社会慈善公益事业贡献了自身力量。

改革开放以来，慈善活动日益活跃起来，在政府支持下，社会热心人士创办了一些慈善组织，建立了一批慈善机构，一些先富起来的企业家，成了新中国第一批慈善家。在统筹城乡改革发展背景下，重庆市培育慈善基金会发展。2017年以来，重庆市慈善组织设立扶贫专项基金19项，实施公益慈善项目493个，用于脱贫攻坚公益支出3.96亿元，受助群众达89万人次。2018年重庆市民政局鼓励全市慈善力量积极助力脱贫攻坚，从帮助困难群众解决最直接、最现实、最紧迫的问题入手，与全市脱贫攻坚形成合力，有效发挥社会组织灵活、快捷、实效等优势，多渠道整合帮扶资源，集中力量解决济困、扶老、救孤、恤病、助残、救灾、助医、助学等关系贫困群众切身利益的问题，实施社会工作专业人才服务边远贫困地区、边疆民族地区和革命老区计划。重庆市采取降低准入门槛、简化登记程序、优化服务、加快审核办理等措施，积极培育公益性、服务性慈善类社会组织，形成政府部门、市场系统、社会组织和个人"多元共治""和合之治"的生动局面。让各类基金会、团体、协会等参与脱贫攻坚、服务保障民生、组织社会活动、调处社会纠纷、助力乡村振兴是推进社会治理创新的必然选择和现实要求。

第一节　我国社会组织协同社会治理发展的历史与现状

一、我国文化语境中社会组织的历史经纬

中国社会的结社活动和各种互助行为、慈善活动以及相关救济活动由

来已久，这些组织活动被称为民间结社行为。中国历史上的结社共分为 5 种，以下分别加以介绍。

（一）政治性结社

春秋末期随着新兴地主阶级的产生出现政治联盟，东汉时期朋党形成是政治性结社的代表。朋党主要指官僚和士大夫的结党。此外，还有外戚党、太子党、王子党、阉党等，以同门、同道、同乡等为纽带建立起来的政治帮派。明代形成了近代政党的雏形。清代政治性结社逐渐增多。19世纪 20 年代初，出现了一批以改良、立宪为取向的政治性社团结社的代表。如 1895 年建立了"强学会"，又陆续出现了"保学会""粤学会""预备立宪大会""宪政会""宪政工会"等。

（二）文学学术性结社

文学性学术社团是中国传统社会中较为发达的一种。早在春秋时代，学术繁荣，百家争鸣，便有各种学术性集团应运而生，严格意义上的学术社团兴起于魏晋之后的各种形式的文人社团。文学性社团有多种形式，最重要的是以诗结交友人的"诗社"，主要是文人雅士以诗会友的团体组织。以文会友的"文会社"，主要是指以讲文学为专题的学术性团体。早年有岳麓、嵩阳、白鹿洞、应天府四大书院。明代讲学会还演变出"读书社""明经会""经社""经济会""文艺社""博雅会"等各种形式。清代乾隆以后，理学一度沉寂。直到清末，在西方思想的影响下，各种新式学会逐步崛起，例如"志学会""教育会""公法学会""南学会""强学会"等。还有多种多样的文艺团体，包括宋元时期各种戏剧相关人员组成的"书会"，其成员既有出身贵族的官僚文人，也有大量失意的文人和歌妓。另有"谜语社""茶社""酒社"等娱乐性社团。文人结社，成为学子文人超脱境界、进入仕途、传教民众、实现政治抱负等目标的途径，具有多重功能。

（三）经济互助性结社

最初的旧式经济合作制度是"合会"，是会员间的互助性组织。各省还有"集会""邀会""请会""聚会""做会"等，又通称为"义助会"。合会出现于隋代，唐宋时期得到全面发展，产生出多样形态，如自愿结合耕作的农民互助社、金融互助的钱会、共同轮充乡里职役的"保证会"、轮值社庙会饮的"赈灾会"等。

所谓"合"，就是集众人之力办事的意思，涉及的内容包括劳作互助、金融互助、共同负担地方事务等，具有勤俭储蓄、互相保险、扶危济困等多方面功能，是民间自行组织起来解决和承担事务的方法。

在古代现实生活中，除了民间互助组织之外，还有士大夫设立的义仓、社仓和义田、义庄、义役等制度，兼具济贫和维护家族声望的功能，成为家族互助的典范。经济互助型社团的另外一种形式是行业性结社，主要包括同行们、工商业者集中经营"市"的模式，例如商业性质的"会馆""行会""商会"。

（四）慈善团体

中国古代社会规模最大的社会团体是慈善团体，主要是依靠家庭和宗族的力量实施救济。明代以后，同善会作为一种慈善组织兴起，其主要任务是济贫，与以前的救济组织有所不同，它的救济对象不拘泥于家庭和宗族，而是面向解决世俗问题，不再以传播宗教为目的。

（五）秘密结社

民间秘密结社活动最早见于先秦。宋元时期产生了一些秘密的"会"。明代这些"会"渐趋组织化，直至清代达到鼎盛。秘密结社既是下层平民谋求生活的反映，又带有与政府统治秩序对抗的政治色彩，同时也带着类似黑社会组织的一些弊端。

20世纪的民间组织出现了一些新特点。它们既延续了民间传统，又受到西方理念和慈善模式的影响。这些新式社团的类型包括：（1）学联、工会、妇联、青年团等革命性社团，抗战期间兴起的战地服务组织、救国会等政治性社团。（2）学术界出现的"学会""研究会""学社""协会"等学术文化社团。它们一部分是清末洋务运动时期思想启蒙和西学东渐的产物，另一部分是五四运动和新文化运动的产物。（3）从传统商会、行会延续而来，或者伴随着民族工商业的兴起而发展起来的新型行业组织。（4）外国传教士兴建的传播基督教教义的各种慈善机构。它们促进了传统互助组织和慈善组织的演化，形成新式慈善公益组织。（5）在动荡时局活跃的帮会和秘密组织等。从权利斗争和民间公益两条主线中，可以发现中国民间组织的特性：第一，以经济互助和文化互娱为主，一般具有非权利性和非对抗性；第二，民间秘密组织均属于非公开的、被禁止的和铲除的对象。①

二、我国历史上的"国家—社会"关系

中国"社会"一词的产生来源于祭祀土地神的活动，早在殷商时期，已经形成有计划的人为规划的居住聚集点，即"邑聚"，在采邑制的居住单位之上普遍建立了"社"的制度，商代每年便有"祭社"之举，每年都有祭祀"社神"的日子，人们为之祭祀和庆典，逐渐成为"社会"。唐代以后在祭祀活动发展的同时，逐渐演化出多种内容的"会""社"。"会"者，以共同兴趣为主，如秋千会、茶山会、斗鸡会等；"社"者，是以志趣相投的团体，如文社、诗社以及行业性团体等。

虽然说"普天之下，莫非王土"，但在朝廷之外，还有不通过正式制度得以保证的民间社会。它们以儒家学说"仁"，仁者爱"仁"为核心。在"仁"的体现下，传统社会对于正义的界定，是"义利之辨"。孔子有言"君子喻于义，小人喻于利"。儒家传统是摒利取义的，要达到"仁"的境界。至宋代，理学更注重"仁"的理念的发扬和光大。明清以

---

① 贾西津：《中国历史上的民间结社》，http：//www. rujiazg. com/article/id/2681/。

后，"仁"的理念与慈善理念逐步融合，发展成为中国公益慈善的基础。

费孝通先生解释中国传统社会结构是"差序格局"，描述了中国传统社会就像一个石子投向水中就会荡开一片片的涟漪。此种秩序的最大特点是个人与共同体的界限不清晰，如站在任何一个圈内，向内看都是公益的，而不是私益。在解释这个问题之前，我们有必要弄清"公"与"私"的区别。"私"是指代私人的、自己的、以"我"为中心的一种状态。"公"是指去除"私"的道德正义。

三、我国历史文化中的社会组织协同治理机制

（一）古代社会管理的乡绅和族长

我国古代社会中，社会管理的主体是各级机构和乡绅。尤其是"皇权不下县"，而县以下的治理都是依靠当地的乡绅和族长。在广大的农村地区是由乡绅治理当地社会，最终形成官府与乡绅的二元治理模式。这与儒家传统观念相关。儒家主张"不独亲其亲，不独子其子，使老有所终，壮有所用，幼有所长，鳏寡孤独废疾者，皆有所养"，倡导建立大同世界，遇到盛世称为"有道"，反之称为"无道"。古代政权对社会管理的终极目标就是维护社会稳定和对庶民的教化功能，强调"三纲五常"，继而维系君臣、父子、兄弟、夫妻、族内等宗族观念和伦理秩序，施以教化方式，进而建立稳定的社会秩序。

中国历史第一部乡约——《吕氏乡约》指出了"德业相全、过失相抵、礼俗相交、患难相恤"的管理方法，具体内容包括水、火、盗贼、疾病、死丧、孤弱、诬枉和贫乏等 7 项。① 如果按照当今社会治理的主要内容来看，以上内容涵盖了提供社会安全与应对社会危机、保障公民权利、均衡社会利益分配等方面。我国古代社会管理有其独到之处，那就是乡绅阶层的教化和伦理造就了中国古代稳定的社会结构，最终强化了宗族

---

① 白祖纲、刘思阳：《中国社会管理的历史、现实与未来》，《河北师范大学学报（哲学社会科学版）》2013 年第 6 期。

之间的紧密联系，更加重视血缘关系和宗法关系。

家族制度一直是中国基本的社会制度，是统治社会的基础，也是传统文化的组成部分。中国社会的一切都以此作为社会基础。家国同构，国家不过是扩大的家庭，家族制度是一个自治制度，农业生产、土地的划分和继承、各种社会治安都由家族内部解决，还有宗族内部的纠纷，均由家族内部的族长来主持。到社会秩序混乱的时候，很多地方大族还可能成立军队，帮助国家渡过难关，并且维持地方的社会治安。宗族也设立义仓，宗族内的大户出于血缘关系，出资赈灾和赡养宗族成员，进而敬宗收族，使得族众团结在宗族内部。①

在这个基础上形成的家族制度，一个完整家族就是一个完整的社区，家族内部的成员一辈子能生活在宗族群体内部，可以不同官府打交道，而国家通过家族控制社会，并实行教化，摊派徭役、征集兵员，维持治安，以确保皇权的统治，由此国家节约了大量的资本，使得社会在一定时期内保持稳定。

（二）清末民初民间组织类型多样化

清末民初，城乡政策激化了社会矛盾，造成城市空间的差异和阶层地位分化，民间组织类型多样化。一类是官绅合办的，为普通民众布施衣服及食宿，以同乡、同种行业作为互助性的会馆和同业性质的民间组织，进而形成一股较为团结的势力，共同进行某项事业。另一类是近代慈善性质的民间社会组织和革命性、政治性团体。据有关统计，1928 年时已出现了很多民间组织，比如商会、基督教会公益组织、教会学校、佛教教会、行业协会等。随着新的社团不断建立，以商会作为起点，各种类型的社会组织体现了早期的组织管理模式和管理规则。

而后，民间组织开始打破原有的地域和行业界限，在社会空间方面也

---

① 白祖纲、刘思阳：《中国社会管理的历史、现实与未来》，《河北师范大学学报（哲学社会科学版）》2013 年第 6 期。

突破了原有的限制，人们已开始面向全社会开放本乡本土的地域观念，活动的范围也不再局限在京城范围之内，而扩展到了全国各地。另外，会馆也打破了各级政府的限制，开始设立收容机构，并开设义园，收养孤儿；创立育婴堂，对其进行教育，帮助就业和选择婚配。在这期间，民间组织开始不断增强社会组织的自助性，不依靠官府的帮助，自己组织起来，建立独立的机构，担负公共服务的职能。①

（三）现代社会组织发挥自治作用

现代民族国家对社会组织实施普遍性反思性监控，地方性的权力逐渐被收归中央，国家职能不断向社会渗透，并将在国家法律之外的会馆、公所、同行工会等民间组织逐步纳入国家控制之中。在长期发展的过程中，除各种民族主义的社团之外，工商业建立起来的会馆、同业公会的数量最多，影响力最大，逐渐规范了民间组织的性质和地位，使得民间组织的功能和组织意识发生了极大的改变。由此，民间组织获得了官方的许可，可以堂而皇之地开展活动，从而推动民间组织在近代中国地方社会治理中发挥自己应有的作用。②

这些工商行业性组织，与民国建立后的新兴行业以及各种救亡国家团体等组成了近代中国民间组织的主体。而这些组织由于地缘和业缘相互交叉，使得城市社会与农村地区相衔接，但都发展不平衡，均有着共同发展的趋势，即从单纯的行业自律、行业救济向城市政治、社会事务等方面扩展。

（四）单位社会的组织制度

土地革命改变了乡村的土地关系，在这个漫长过程中，阶级意识进入

---

① 高春凤、孙希磊：《清末民初北京民间组织对现代城市管理的启示》，《晋阳学刊》2011 年第 3 期。

② 冯静：《民间组织与现代民族国家之构建——1901—1949 年中国工商行业性组织功能探析》，《学术交流》2012 年第 1 期。

了血缘家族的内部，家族内部最终被撕裂，每个个体逐渐成为社会的主体，每个主体又被集中在"单位"内，进一步强化了集体的作用。单位社会逐渐衍生出的"社区"，这其中有"共享""公有"的意思，是指人们具有对本社区的强烈认同感、情感主义、传统主义和对社区其他成员的全面认识的概念。而社区更是一种有责任去解决邻里关系，超出了传统意义上的社会组织。它不再仅仅是一种管理社会的形式，更是一种制度。而且是每个人都嵌入其中，一种深刻影响环境，并在特定制度中受到文化影响的组织形态。

（五）改革开放带来非政府组织（NGO）准入与繁荣

改革开放以后，单位社会逐渐走向了终结，中国社会环境以及公民社会发生了根本性的变化。传统国家—社会一体化的趋势逐步转变为国家—社会相分离，非政府组织（NGO）获得了前所未有的发展空间，拥有一定的自主性。在国家与社会之间发挥着某种桥梁和协调作用。国家对NGO的日常管理不再插手，党政领导不再担任社团领导人，社团自己选举产生领导人。此外，NGO不再依靠政府拨款，转向广泛吸纳捐赠，与此同时，部分地方政府自20世纪90年代以后，开始在公共领域用政府购买服务的方式支持NGO的发展。最后，《社会团体登记管理条例》《基金会管理条例》等一系列法规开始实施和颁布，推动了NGO的快速发展。更为重要的是，草根NGO犹如井喷，打破了传统公办社团的局面。[①] 这一阶段NGO的发展使得我们看到，政府与NGO互动的过程中，分离和控制始终贯穿在其中，这正是转型时期所特有的关系模式。

自2006年之后，我国政治体制改革深入发展，但社会体制改革滞后的现象十分明显。这一时期党和政府开始进行社会建设，并将社会管理转变为社会治理。在《中华人民共和国经济和社会发展第十一个五年规划

---

① 车峰：《我国政府与NGO关系变迁的理论考察：三个阶段的划分》，《学习论坛》2014年第4期。

纲要》中明确提出，在此期间，要"培育发展行业协会、学会、公益慈善和基层服务性民间组织，发挥提供服务，反映诉求，规范行为的作用"，要"健全社会组织，增强服务社会功能，坚持培育发展和管理监督并重，完善培育扶持和依法管理社会组织的政策"，要"发展和规范律师、公证、会计、资产评估等机构，鼓励社会力量在教育、科技、文化、卫生、体育、社会福利等领域兴办民营企业单位。发挥行业协会、学会、商会等社会团体的功能"。党的十七大报告指出："必须在经济发展的基础上，更加注重社会建设，着力保障和改善民生，推进社会体制改革，扩大公共服务，完善社会管理，促进社会正义。"并使用"社会组织"这一概念代替"民间组织"。党的十八大强调加快形成党委领导、政府负责、社会协同、公众参与、法制保障的社会管理体制。进而促进形成政府与社会组织分开，权责清晰，依法自治的现代社会组织体系。相对于20世纪70年代，开放经济与21世纪的社会建设则是新一轮的重大改革，具有划时代的意义。从一定意义上来讲，社会建设提出的社会管理创新，迫切需要在更大程度上发挥NGO的重要性。

针对不同类型的NGO，政府与NGO互相合作的情况也不尽相同。一方面，有官方背景的NGO，虽然不再由官方任命领导人，而是由民主程序选拔或者由离退休的党政干部参加，再由政府通过相关政策来影响组织的管理。此外，还有自下而上成立合法性的NGO，这些组织立足于公众需求，反映社会需要，形成了NGO与地方政府的有效互动，弥补政府一些功能的不足。另一方面，NGO需要政府政策和财力的大力支持，政府愿意与他们在环保、扶贫、教育、医疗等诸多领域保持较好的合作伙伴关系。农村中的NGO大量存在是不争的事实，各种各样的农村经济合作组织一直是帮扶农民致富和发展经济的依赖，政府默许其存在，并且在一定程度上支持它的发展，因为这些组织能帮助广大农民发展经济，走上致富的道路。

同时，国际性的NGO，我国政府要求其遵守我国的法律和政策，同时推动中国本土NGO与国际性NGO达到一个有效的平衡。我国已经把本土 NGO 和国际性的 NGO 当作相互合作、并能为社会发展提供一些力量的组织。这主要是由于两个方面的原因：一是因为政府同 NGO 的关系，源于政府改革和治理社会的需要，二是 NGO 的发展壮大满足了社会需求，促进了政府自身的发展与变革。我国 NGO 的成长、发展与政府改革的过程密切相连，政府主导社会与政府的关系的推进。我国对待 NGO 的态度有一个明显的变化，一步步走向信任和鼓励。① 未来 NGO 需要在政府政策支持下，不断努力保持自身发展的独立性，增加与政府平等合作。

四、我国基金会发展现状

我国几千年以来农业社会存在的都是宗族组织，1949 年之后以政府性质的组织和以单位为基础的组织为主，民众自愿组织起来的民间组织基本都是改革开放之后才发展起来的。② 跨入 21 世纪以来，我国慈善事业有了长足发展。基金会作为慈善组织的主要代表，自 2004 年《基金会管理条例》颁布实施后，进入了蓬勃发展的时期。"基金"是从英文"Fund"或"Fundation"转译而来。Fund 指的是财产的一种存续形式。Foundation 可理解为 Fund 里的一个特殊部分，指的是捐赠财产的一种存续形态。以"结社"类比，可将基金视为财产的"结社"形式；将基金会视为用于公益捐赠的特殊财产的"结社"形式。2004 年度出台的《基金会管理条例》进一步把基金会定义为"非营利性法人"。在 1987 年非企业法人大类下的"社会团体法人"种类中。基金会是基于捐赠的财产以基金形态存续并获得法律认可的非营利组织或社会组织的一种基本结社形式、其目的是利用捐赠财产从事公益事业，其本质是在捐赠基础上形成的公益财产关系及其以委托人（捐赠人）、受托人和特定的及不特定的受益人为核心关系的社会关系。这些基金会分布在扶贫济困、救灾救援、助医助学等多个领域，作为

---

① 车峰：《我国政府与 NGO 关系变迁的理论考察：三个阶段的划分》，《学习论坛》2014 年第 4 期。

② 2007 年，我国开始正式用社会组织代替民间组织。社会组织分为三类，即社会团体、民办非企业单位和基金会。

社会保障和社会救助的有益补充，发挥着越来越重要的作用。

（一）基金会数量增长情况

整体而言，从 2004 年《基金会管理条例》（以下简称《条例》）出台到 2014 年是中国基金会快速发展的"黄金期"。2014 年至 2019 年是稳步增长期。2004 年《条例》的颁布实施，使得基金会步入独立于社会团体之外的公益性法人的发展轨道。1988 年国务院颁布实施的《基金会管理办法》将基金会视为社会团体法人，2004 年《条例》颁布实施后基金会被视为非营利性法人，拥有基金会法人登记证书。基金会与社会团体、民办非企业单位一起构成了社会组织的三种形态。《条例》颁布前，民政部门登记的基金会不足千家。2004 年以后，除 2005 年基金会年增长率为 9.19%外，其他年份全国基金会增长率均维持在 15%左右。要维持这样的发展速度，除了需要政府在政策上的支持和鼓励外，还需要足够的社会资源源源不断地投入，即社会中有许多个人或组织愿意且有足够的资源投入公益领域，以基金会的形式来实现自己的慈心善举。2004—2014 年无疑是中国基金会快速发展的"黄金期"，从数量到质量，中国基金会都有了巨大的变化。

据民政部发布的社会组织数量信息，截至 2018 年年底，全国共有社会组织 81.6 万个，与 2017 年的 76.2 万个相比，总量增长了 5.4 万个，增速为 7.1%。① 从社会组织的三大类型来看，2018 年社会团体总量为 36.6 万个，2018 年的增长率为 3.1%。2018 年民办的企业单位（社会服务机构）总量为 44.3 万个，年度增长率为 10.8%。2018 年基金会总量已达 7027 个，年度增长率为 11.4%，占社会组织总量的 0.9%。② 基金会在

---

① 民政部社会组织管理局主管的中国社会组织公共服务平台数据显示：2017 年年底全国共有社会组织 80.3 万个，而民政部发布的《2017 年社会服务发展统计公报》称：截至 2017 年年底全国共有社会组织 76.2 万个，两数据相差较大。考虑到民政部发布的各项统计公报为官方核定数据，本报告的社会组织数据以民政部统计公报和季报为准。参见中华人民共和国民政部《2017 年社会服务发展统计公报》《2018 年 4 季度民政统计季报》。

② 数据来源于 2010—2017 年《社会服务发展统计公报》和《2018 年 4 季度民政统计季报》。

社会组织总量占比中一直稳步小幅提升，从规范性、影响力等方面来看，基金会在社会组织所有类型中发挥着越来越大的促进作用。

（二）基金会地区分布状况

中国基金会数量受经济发展影响较大。一般情况下，经济越发达的地区，基金会数量越多、规模越大。2018 年的数据显示，多数基金会分布在东部地区，西部次之，中部最少。基金会数量超过百家的 13 个省份（部门）中，属于中部地区的有湖南省、河南省，四川省、云南省属于西部地区，以及东北地区的黑龙江省，其他均属东部地区。

中国基金会发展的地区差异十分明显。2018 年，我国基金会数量排名前 5 位的地区为广东省、江苏省、浙江省、北京市和上海市。其中，广东省超越了前几年数量最多的江苏省，基金会数量达到近 500 家。同时，上海市基金会数量也快速增长，成为数量排名前 5 位的地区之一。近年来全国其他地方的基金会也快速发展起来。基金会数量过百的地区（部门）还有民政部、福建省、湖南省、辽宁省、云南省、黑龙江省、四川省、河南省，其中，辽宁省、云南省、黑龙江省和河南省的基金会发展势头迅猛。

（三）基金会的分类及类型

基金会的分类非常复杂，不仅在国际上没有一个统一的标准，就是各个国家，也是根据不同的分类标准，将基金会分为若干不同的类型。美国基金会中心将美国基金会分为私人独立基金会、社区基金会、公司基金会和运作型基金会。[①] 中国基金会根据不同的分类标准，主要可划分为如下

---

① 私人独立基金会，其资金多来自个人和家庭捐赠，由董事会管理，绝大部分属于资助型基金会。社区基金会，属于美国联邦税法中规定的公共慈善机构，其资金来源除了捐赠还有社区募款，包括地方政府提供的公共资金。公司基金会，其资金来源限于企业捐赠，多为一般性公益目的而设立，也不排除与公司业务有关的考虑，但基金会作为独立机构运作，其财产与公司资产严格区分。运作型基金会，其资金多来自单一的私人或家庭，自己按照既定宗旨运作项目，而不提供资助，与非营利性研究机构有些类似。

几种类型：

（1）按照资金运作方式的不同，分为运作型基金会与资助型基金会。运作型基金会是由基金会自己运作资金的基金会；资助型基金会是将资金资助给其他组织来运作的基金会。

（2）按照资金提供主体的不同，分为社会基金会、私人基金会、公司基金会、大学基金会、政府基金会。

（3）按照基金会与政府关系的密切程度或背景的不同，分为官办（官方）基金会、民办（民间）基金会、半官半民基金会。

（4）按照基金会募集资金的地域范围的不同，分为全国性基金会、地方性基金会。

（5）按照基金会工作领域或性质的不同，分为慈善类基金会、教育类基金会、科学类基金会、社科类基金会、艺术类基金会、体育类基金会、环保类基金会、人权类基金会，等等。

《基金会管理条例》根据资金来源方式不同将基金会分为公募基金会和非公募基金会。

五、我国社会组织与政府互动现状

基金会的形成发展离不开社会组织的成长和培育。当前，我国市场正处于市场经济体制改革不断深化、传统社会向现代社会转型的关键时期，社会组织与国家之间关系正在发生转变，其中一种明显的体现就是国家将一部分权力让渡给交叉互动式的社会组织，进而构建起一种社会利益的传递结构。

随着基本公共服务体系的建设和购买服务的快速发展，社会组织在公共服务等社会服务领域的能力和作用将显著增强，政府与社会组织合作的趋势将空前加强，中国特色的合作主义将成为我国社会组织发展的一种主流趋势。党的十九大报告突出强调的基本公共服务体系中，将有越来越多的部分不是采取政府直接提供的方式，而是越来越多地采取政府向社会组织购买服务的方式由社会组织间接提供。在购买服务的基础上政府与社会组织之间的深度合作将成为新型政社关系的主导趋势，一种可称之为"中国特色的合作主义"的国家与社会关系的新模式，将成为我国社会组织发展中的一种主流趋势。[①]

（一）建设国家与社会协同治理新机制

进入 21 世纪以来，中国积极探讨中国特色社会主义政治发展规律，逐渐深化了国家与社会关系，并在建构国家和社会新型关系的基础上形成了新的关系模式，在改善关系的同时也提出了治理效能。改革深入发展近十年，国家与社会协同治理的基本条件已经成熟。在推动这一新机制的过程中，国家与社会的关系得到调整。[②]

1. 社会管理权威机构优化

就城市地区而言，20 世纪 80 年代之后，以"单位办社会"为特征的单位制逐步消亡。一方面，原本由政府、企事业单位管理的事务出现了改变，城市的基层权力体系发生了变化，街道办事处、社区居民委员会、小区业主委员会三级管理体制牢固掌控着社会的有序运行，有序地协助基层政府进行社会管理；另一方面，通过权力合理分化，以国家行政资源为保障，以社会自治资源为依托的协同治理，使得传统一元权力体系转变为多元主体分享社区治理权力，各种权力在功能和活动领域中互相补充，基层社会治理的权力运行机制由政府主导控制型转变为民众积极参与型。

2. 公共服务不断发展

2017 年《国务院关于印发"十三五"推进基本公共服务均等化规划的通知》中，一方面国家明确基本公共服务均等化，指全体公民都能公平可及地获得大致均等的基本公共服务，其核心是促进机会均等，重点是保障人民群众得到基本公共服务的机会，而不是简单的平均化。推

---

① 王名、张严冰：《我国社会组织改革发展的趋势》，《前线》2013 年第 5 期。

② 林毅：《中国国家与社会关系发展现状评析》，《哈尔滨工业大学学报（社会科学版）》2013 年第 1 期。

进基本公共服务均等化，是全面建成小康社会的应有之义。这表明建立政府主导、社会参与、公办民办并举的基本公共服务得到进一步推进，在政府依然掌控全局的情况下，强调国家和政府服务性社会管理职能的过程中引导越来越多的财力、人力、物力投入到建立健全基本公共服务体系中；另一方面，注意发挥市场机能，鼓励各种社会力量参与公共服务。在一些市场和社会能够体现更高效能的具体领域引入诸如政府购买公共服务或直接将部分公共服务职能转交给社会的新机制。中国的基本公共服务体系已得到了有效发展，正在不断提高公共服务质量，推进基本服务均等化。

3. 公共危机同步治理

进入 21 世纪以来，单靠政府处理社会危机的模式已经不能适应当今社会的发展，近十年国家力量引导成长起来的社会组织，为国家与社会协同应对公共危机建立新机制创造了必要条件。在危机管理过程中，社会组织、企业、个人、政府可充分发挥多方面的资源优势，形成多方面叠加的效应，进而形成政府与社会组织良好的互动局面。[1]

（二）改善民生和发展民主同步推进的社会

国家与社会关系的重要方面是改善民生，由此才能保证国家的可持续发展，为社会主义建设服务。在改善民生方面，国家财政投入民生工程建设，致力于群众的医疗、教育、住房、养老、就业等各个方面，从而维系民生和社会的发展。

1. 居住条件

近年来，国家不断增加民生工程投入，保障基层民众的生活，重点解决城乡危房改造、饮水安全，还有食品安全问题，并始终坚持对基本生活资料的有力调控，通过保障和改善民生，以实际生活赢得社会和群众的信

---

① 林毅：《中国国家与社会关系发展现状评析》，《哈尔滨工业大学学报（社会科学版）》2013 年第 1 期。

任和支持。

2. 医疗卫生事业

当前，中国已基本建立起覆盖全社会的医疗卫生服务体系，努力探索特色医疗卫生事业的发展道路，积极稳妥改进医疗体制改革，并取得了一系列的成绩。

3. 教育文化事业

根据 2010 年国家的人权事业发展报告，我国九年制免费义务制教育覆盖率已达 99%，民族地区的九年制义务教育普及率达 95% 以上。同时，国家建立了覆盖城乡的文化公共服务体系，不断增加投入。教育文化事业需要国家和社会的协同合作，建立国家与社会组织的有效投入机制势在必行。

4. 发展民主方面

国家与社会关系合理调整成果得到了体现，形成了民主促进稳定、以稳定发展保证民主的良性循环。近年来，各级人民代表大会制度不断健全完善，人民代表大会要集中民意、民智，充分整合资源，为人民服好务。

5. 国家与社会的互动机制不断完善

十多年来，国家与社会共同监督机制不断完善，确保了公共权力运行的规范性，巩固了国家与社会的信任关系。在行政处罚方面，建立了处罚听证和罚缴分离制度；在行政执法方面，通过集中整改大幅度减少了行政审批制度，提高了办事效率；在信息公开方面，政府设立了基层行政中心，提高了各级政府的透明度。党和政府内各项监督制度也得到了较好的落实，协调好了政府和社会、政府和公民之间的关系，减少了政府在政策执行过程中的阻力。

6. 发展法治事业

国家通过法律和宪法规定了社会组织的性质、目标及其他方面的事项，很多规定不仅健全发展了社会主义法律体系，而且将民主政治融入到国家与社会的发展过程中。

总体而言，国家主导的民生工程注重内容体系的广阔性，更多惠及民众。同时，人民生活水平的提高也为社会健康发展、民众积极参与经济社会发展事务创造了条件。正是这种国家与社会的有效互动，促进国家与社会的有效融合。

（三）形成国家和社会互动新局面

我国当前社会面临着转型，国家作出了建设社会主义和谐社会的决策，在这个前提下，要努力创造建设有中国特色的"国家—社会"双赢的格局。

1. 推动企业与社会的结合，深化政治体制改革

在中央的统一部署下，我国继续推动政企分开、政府精兵简政的体制改革。从1988年至今，先后进行了多次大规模的政府机构改革。时至今日，继续推进中央政府的改革方针，实现决策权和执行权的有效协调，为今后进一步优化政府组织内部结构，理顺市场与社会的关系开辟了新思路。

比如近些年来，国务院先后取消了一大批审批项目，其中很多都涉及经济管理方面，行政审批事项逐年大幅度减少。同时，《中国共产党党内监督条例（试行）》《党政领导干部辞职暂行规定》等一系列党内法规以及国务院印发的《全面推进依法行政实施纲要》和《公务员法》等对问责制的具体内容作出了明确阐述，政府在有限的经济社会管理职能范围内的责任有了制度化的规定。总体而言，以政治体制改革为助力，国家与社会关系格局的调整在国家一方沿着政府权力资源集约整合，朝着更多的放权于市场、放权于社会的方向稳步推进。

2. 促进社会组织发展，提升其自我服务的能力

社会组织同国家同步发展的同时，也经历了从对国家高度依附性、政治性的组织向非政治性组织的转变，通过改革逐步解除束缚，回归社会组织的本质特征。进入21世纪，截至2011年第四季度，我国就登记有457510个社会组织，其中仅全国性社会组织就有2038个。

当前中国的社会发展中，社会组织无论是在产品供给，还是在利益集中表达、促成利益主体之间的合作，以及危机管理等方面都发挥着积极作用。社会组织日益表现出来的作用，更有利于公民表达自身的诉求，协调彼此间的利益关系，参与经济社会事务和政策过程。

（四）国家与社会关系的格局转变之路

1. 实现从管理社会转向社会管理的理念

实现从管理社会到社会管理还需要理念的改变。这种传统依靠一元支配、管理社会的制度体系处于不断消解的过程，但在改革的实践中，理念转变呈现出很大的滞后性。

2. 对社会管理机制创新的认识不足

究其本质，国家与社会关系格局变迁，旨在从根本上改变国家与社会之间的对立和紧张关系，因此用更加具有协调含义的治理逐渐代替"管理"。"治理"绝不是一个简单的词语，而是一种全新的过程，更是一种变化了的秩序。国家不但要从根本上培育一个不断壮大的社会，而且还需要改变同这个新生力量的互动模式。

然而，一些政府管理者仍然秉承以行政权力为核心的全面管制理念，对社会和公民有一种不信任的态度，不愿意主动接受社会力量参与社会管理过程，对国家和政府进行有效监督。与此相对应，政府在推动社会管理机制创新的过程中动力不足，导致了一些地方的社会管理工作水平没有实质性的进步。

3. 社会组织和基层管理组织的行政化

社会组织和基层管理组织行政化明显受到中国社会发展不健全的影响，一些地方社会管理体制呈现出一种较为典型的"行政推动型"管理。如1996年的城区建设，其改革的重点是将原来的党政权力下放到街道办事处。相对于原先的管理格局而言，这是想依托社区为中心进行社会治理，但这类改革实质上并没有跳出基层政权建设的思路范畴，社会也并没有从中获得更多的空间，就其长期结果而言，这不仅意味着行政成本的进一步增加，而且形成了基层管理组织行政化的趋势。①

4. 国家与社会组织在社会创新领域内均面临着主动合作的惰性

社会组织的生产力机制不足，在中国缺乏相对独立的发展空间，直接导致了社会组织的上升空间不大，这就不可避免地抑制了社会组织在自我管理、自我服务、自我教育、自我监督等方面的主动性。而站在国家和政府的立场上，长期掌控社会的发展，使得很多社会成员无法很快信任社会组织。如果想达到国家与社会的合作，还有一条很长的路要走，但前提是实现社会管理观念的创新。

第二节　重庆市基金会发展概况

党的十九届四中全会指出，"坚持和完善共建共治共享的社会治理制度，保持社会稳定、维护国家安全。社会治理是国家治理的重要方面。必须加强和创新社会治理，完善党委领导、政府负责、民主协商、社会协同、公众参与、法治保障、科技支撑的社会治理体系，建设人人有责、人人尽责、人人享有的社会治理共同体，确保人民安居乐业、社会安定有序，建设更高水平的平安中国。"社会组织参与社会治理再次引起广泛关注，随着一系列新政策的陆续出台，包括重庆在内的全国社会组织迎来了新的发展机遇。

重庆社会组织的发展从总体上说，是"长得快，体质弱"，无论是规模还是质量，社会组织的发展都不均衡，整体水平良莠不齐。重庆市各类型的基金会以公募基金会为主，公募基金会占据了重庆市基金会的大半，在重庆市近年来增长的基金会当中，公募基金会也占了绝大多数。

一、重庆市基金会的数量规模

截至 2019 年 3 季度，重庆民政部门统计数据显示，在重庆市民政部

---

① 林毅：《中国国家与社会关系发展现状评析》，《哈尔滨工业大学学报（社会科学版）》2013 年第 1 期。

门登记完善手续的社会组织共有 17456 个，其中社会团体 7784 个，民办非企业单位 9592 个，基金会 80 个①，同比增长 3.9%。

表 4-1　近三年第三季度重庆市社会组织变化情况

年度	基金会（个）	社会组织总计（个）
2017 年 3 季度	79	16641
2018 年 3 季度	77	17242
2019 年 3 季度	80	17456

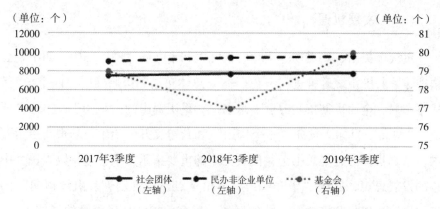

图 4-1　近三年第三季度重庆市社会组织变化情况

二、重庆市基金会的类别情况

基金会分为公募基金会和私募基金会。重庆市各类型的基金会以公募基金会为主，公募基金会占据了重庆市基金会的大半，在重庆市近年来增长的基金会当中，公募基金会也占了绝大多数。以 2019 年的统计数据为例，重庆市共有 80 个基金会，在这些基金会中有 70 个为公募基金会。

---

① 蒲奇军、罗伟：《社会管理创新视角下的重庆民间组织研究》，《重庆工商大学学报（社会科学版）》2011 年第 6 期。

三、重庆市基金会的分布

地域分布是指社会组织在不同地方的构成状况。按照"市本级""区县"的区域划分来考查社会组织在重庆市的地域分布状况，我们可以看出，市本级在社会组织的发展中占有明显的优势。重庆市的基金会主要分布在市本级，共有 79 个，区县级仅江津区有 1 个。

四、重庆市基金会发展面临的机遇与挑战

（一）发展机遇

重庆市提出，要贯彻落实党的十九大和十九届二中、三中、四中全会精神，紧紧围绕统筹推进"五位一体"总体布局和协调推进"四个全面"战略布局，全面贯彻落实习近平总书记对重庆提出的"两点"定位、"两地""两高"目标、发挥"三个作用"和营造良好政治生态的重要指示要求，认真贯彻习近平总书记对民政工作的重要指示要求，坚持以人民为中心的发展思想，按照"坚守底线、突出重点、完善制度、引导预期"的工作思路，聚焦脱贫攻坚、特殊群体、群众关切，从最困难的群体入手，从最突出的问题着眼，从最具体的工作抓起，解放思想，改革创新。力争到 2022 年，基本民生保障体系更加完善，人民福祉明显增强；基层社会治理体系更加健全，群众自治充满活力；基本社会服务体系更加优化，人民生活更加便利，与经济社会发展水平相适应的民政事业发展格局基本建成，全市民政工作走在西部地区前列，发挥示范作用，努力为全国民政事业改革发展创造更多先进经验。

1. 聚焦脱贫攻坚，建立健全长效机制

深入贯彻党中央、国务院关于坚决打赢脱贫攻坚战重大决策部署，进一步完善制度、健全机制、强化措施、加强衔接，做到精准施策、精准发力、精准见效，切实兜住兜牢农村贫困群众基本生活底线，确保不漏一户、不少一人。对遭遇突发事件、意外伤害、重大疾病或其他特殊原因导

致基本生活陷入困境的建档立卡贫困人口，按规定给予临时救助；对有重大生活困难的贫困人口，采取"一事一议"方式适当提高临时救助标准。加强基金会与扶贫开发政策有效衔接，适时提高兜底保障水平，确保农村低保标准动态、稳定地高于扶贫标准。调动有劳动能力和劳动条件的农村低保对象的积极性、主动性，促进其通过自身努力摆脱贫困。

2. 聚焦特殊群体，强化基本民生保障

强化低收入困难群众救助。按照"兜底线、织密网、建机制"的工作要求，完善以低保制度为核心、专项救助为重点、临时救助为补充，与其他保障制度相衔接的社会救助体系，建立满足困难群众基本生活需要的发展型社会救助制度。稳步推进城乡低保统筹发展，逐步缩小城乡低保标准差距。加大失能特困人员集中供养，逐步提高生活不能自理特困人员集中供养比例。做好医疗、教育、就业、住房、灾害等专项救助，增强困难群众获得感。完善临时救助分级审批、先行救助政策，解决好困难群众突发性、紧迫性、临时性基本生活困难。完善城市特殊困难群众救助帮扶政策，推进城市困难群众解困脱困。规范低收入困难群众家庭经济状况核查认定，完善困难群众信息数据库，实现精准救助。深化社会救助综合改革，统筹整合社会救助资源，探索建立协同、高效、便民的社会救助机制，引导社会力量开展结对救助帮扶，加快构建"大救助"格局。

3. 强化农村留守儿童和困境儿童关爱服务

坚持儿童利益优先和最大化理念，完善儿童福利制度，健全儿童关爱服务体系，加快建立家庭尽责、政府主导、社会参与的儿童福利服务保障体系。完善孤儿基本生活保障标准自然增长机制，建立孤儿助学制度，持续实施"孤儿医疗康复明天计划"。建立事实无人抚养儿童保障制度，完善困境儿童教育、康复和成年后安置、就业等保障措施，鼓励支持社会力量提供心理疏导、精神关爱、家庭教育指导、权益维护等服务。拓展儿童福利机构社会服务功能，推进未成年人救助保护机构转型升级。完善农村留守儿童关爱服务体系，健全救助保护机制，依法打击遗弃行为。规范收养登记，保障被收养人权益。

4. 强化流浪乞讨人员救助管理

加强和改进生活无着的流浪乞讨人员救助管理工作，进一步完善政策措施，健全责任体系，提高救助能力，切实维护流浪乞讨人员的合法权益。加强救助保护服务设施建设，强化救助管理机构和托养服务机构监管，提升救助寻亲和流出地源头治理工作水平。开展流浪未成年人集中教育矫治和困难帮扶工作，做好流浪未成年人回归安置工作，保持城市街面基本无流浪未成年人。

5. 强化残疾人福利保障

健全残疾人权益保障制度，完善残疾人基本公共服务体系，加快推进残疾人小康进程。提高困难残疾人生活补贴和重度残疾人护理补贴标准，建立健全家庭照顾、社区照料、机构照护协调发展的长期照护体系。加快康复辅助器具产业发展，建设市级康复产业发展园区。加强精神卫生福利服务机构建设，完善困难家庭精神障碍患者救助关爱制度，发展精神障碍社区康复服务。

（二）主要挑战

在坚持保障和改善民生，大力发展社会事业，扩大公共服务供给，创新公共服务提供方式，完善基本公共服务体系，总体实现基本公共服务均等化，确保城乡居民共享改革发展成果的大背景下，重庆市的基金会等社会组织的发展当前不仅面临新的机遇，也存在一些挑战。

供给侧结构性改革对社会事业发展提出了新要求。面对全社会日益增长的公共服务需求，社会事业发展不能仅依赖政府投入，不能再遵循简单追求规模扩张的发展模式，要深入推进供给侧结构性改革，注重从完善体系和优化供给中提高效率，补齐社会事业短板，不断提升公共服务供给质量。

城乡居民收入水平不断提高对社会事业发展带来了新机遇。随着人们生活水平不断提高，居民消费需求从保障型向发展型转型升级，人民群众迫切需要政府提供范围更宽、水平更高、质量更好的公共服务。同时，多元化、多层次公共服务需求快速增长，也为公共服务产业发展提供了重大机遇。

人口的结构性变化为社会事业发展带来了新挑战。人口老龄化进程加快、二孩政策的全面放开、新型城镇化的快速发展，使得人口结构、人口分布发生显著变化。人口老龄化将对经济社会发展产生多方面的重要影响，社会事业如何应对人口老龄化和适应人口分布快速变化带来的新需求，是今后较长时期必须面对的巨大挑战。

五、基金会对重庆市统筹城乡发展的作用

（一）合理规划布局，明确"城市社会化，农村集约化"的公共事业发展的方向

统筹城乡发展必须统一规划，明确目标，统筹部署，找准定位让发展具有高效性和针对性。城镇民政发展社会化，包括服务社会化、参与社会化、资本社会化、民政管理社会化四个方面。应对政府的管理相关职能进行清理，放权一些不必由政府实施的灵活职能，废除那些制约发展的过期职能，适应"小政府、大社会"的改革需求；通过购买大范围招募志愿者，全面投入到医疗救助、养老服务、抢险救灾、心理干预、发展咨询等各项民政工作中，让社会大众都关注民政，参与民政，支持民政；吸纳市场资金投入技能培训、福利企业、养老服务、殡葬服务、幼儿早教等产业，形成对政府投资的有力补充；在服务的方式上，可增加服务的宽度和深度。[1]

（二）科学调整区划，推进城镇化建设

重庆市范围内的三峡库区以及渝东南山区坡陡山高，沟深林密，是长江流域唯一连成片的贫困地区。恶劣的自然环境制约了经济社会的发展，

---

① 蒲奇军、罗伟：《重庆民间组织发展报告》，2016 年。

生产方式落后，依靠传统的粮猪发展经济的特征明显。民政对象多、成本高、保障难、分布广给民政工作带来了极大困难。重庆市要坚持发展环境保护和资源节约的基本国策，促进退耕还林，担负起维护长江生态平衡，缩减水土流失的重任。民政工作应充分发挥在重庆市"加减法"中的职能作用，推动经济要素向城镇汇集、农村人口向城镇集中，城乡联动、协调发展；科学规划全市建设，形成结构合理、功能互补的城镇体系。

在重庆市城镇化过程中，土地被征或者退耕还林的失地农民聚居在一起，从形态上看，生存方式和生产方式发生了变化。然而，从农民到市民的转变并不能一蹴而就，无论是从思想意识上，还是生产技能方面都需要较长的转型期。农民文化水平相对来说较低，在接受农业科技知识方面存在困难，市场观念、抗风险能力差和竞争意识弱，一旦离开土地，他们的生存压力相当大。因灾返贫、因病返贫成为巨大的现实和精神负担，甚至造成从市民到农民的回流。此时，民政的保障作用被放到更重要更明显的位置上。那么在这个过程中社会组织要达到的效果有两方面：一是让农民敢于成为市民，除了将农民纳入新型城乡医疗合作保险，还要适时提高低保标准，建立全方位的保障制度，编织起一张生活保障的安全网。二是让农民愿意成为市民，进行资源整合，统筹规划民政基础设施，努力扩大保障范围，提供救助、婚姻、殡葬、养老等全方位的服务，打造一条功能齐备的服务链。①

（三）发展社会组织，促进农村经济发展

由于基金会大部分分布在城市，对统筹城乡民政事业推动作用来说微不足道。要有意识地培育基金会参与精准扶贫与实施乡村振兴战略。农村的农机、种植业、农垦、畜牧、渔业、乡镇企业等专业经济组织，应积极探索农业社团发挥作用的有效方式与途径。找准切入点和突破口，在发展研究、信息指导、技术服务、价格协调、行业自律、权益维护等方面下功

---

① 蒲奇军、罗伟：《重庆民间组织发展报告》，2016年。

夫。加强引导扶持，强化监督管理，规范运行方式，提高服务能力，充分发挥桥梁和纽带作用，加强对农村的分类指导，提升农业产业素质，促进农业农村经济发展。要抓住城镇化后市场大的优势，农村成本低，发展空间大，引导社会组织向农村发展。在农村开办培训学校帮助农民提高科学文化素质，提高农民在转化为市民后的生存能力和竞争能力；开办幼儿园让城乡早期教育更为均衡，缓解留守儿童带来的社会矛盾。民政工作者队伍由于编制所限，数量与质量在短时间内都不会有大的变化，但是我们拥有一大批志愿者，这些志愿者有知识、有能力，并且愿意为民政事业服务。为了培育服务农村的社会组织，必须将志愿者联合起来，使志愿者的志愿服务常态化，管理规范化，目标明晰化，成为农村民政事业的巨大推动力量。[1]

第三节　重庆市基金会协同
社会治理创新探索

从治理的角度看，基金会协同治理代表其作为治理主体的一员而存在；从协同方面看，基金会是在党和政府的领导下，参与社会治理；而从社会组织的视角，基金会协同治理的主要体现是其所开展的业务、项目以及服务。从文化自觉的方面可以说，社会组织首先关注自身开展的业务、项目以及服务，紧接着才会意识到组织自身与政府、市场、个人的互动或自身的参与性，最终可能会自觉体会到组织作为社会治理主体的重要性。

一、协助政府，治理社会，维护社会稳定

全球治理委员会 1995 年发表的题为《我们的全球伙伴关系》的研究报告指出，治理是各种公共的或私人的个人和机构管理其共同事务的诸多方式的总和。它具有如下四个特征：治理不是一整套规则条例，也不是一

---

① 蒲奇军、罗伟：《重庆民间组织发展报告》，2016 年。

种活动，而是一个过程；治理过程的基础不是控制和支配，而是协调；治理既涉及公共部门，又包括私人部门；它不意味着一种正式的制度，而是持续的互动。

长期以来，政府在公共事务治理中处于核心主导地位，是公共事务治理的主体，而基金会自成立以来一直徘徊在社会治理的边缘，以至于人们认为政府是公共治理的唯一主体，是公共政策的制定者、公共权力的行使者、公共利益的代表者、公共服务的提供者，从事公共管理和公共服务是它的天职。毫无疑问，政府在我国是实施公共服务的最重要载体，但是在公共事务多样化和复杂化的今天，社会利益的分化进一步加深，政府无法有效回应社会日益增多的公众需求，仅依靠政府是难以实现公共利益均等分配的。此时，基金会作为政府失灵和市场失灵的第三只手，可以在一定程度上满足社会公众的需求。

二、推动政府改革，塑造新的社会形态

基金会存在的现实基础决定了其社会建设的功能，即实现人的社会功能定位并推动人的自由发展。社会组织不仅弥合了政府、企业、家庭之间的社会空间，而且推进了新型社会结构的转变。组织化社会的发展导致社会结构的重大变革，这促使社会治理生态的重大调整，这也就要求政府的公共管理内容和方式进行重新调整。政府必须直接和大量地通过组织（包括社会组织）或者通过组织与个人形成新的公共管理关系，以推进社会治理。因此，社会组织的产生与行动必然导致社会治理生态的变革。

当前，我国已经进入了改革开放的攻坚阶段，随着行政管理体制改革的深入，"小政府，大社会"的格局正在形成，我们的政府正向"有限政府""责任政府""法治政府"转变，政府不可能也没有必要对社会事务进行全方位的直接管理，"全能政府"时期的许多政府职能开始从政府职能中剥离，比如贫困问题、失业问题、老年人问题等。市场经济体制下，如果这些问题完全推给市场体制去解决，则会出现"市场失灵"的问题，所以是很难奏效的。社会组织正是对政府与市场不足的弥补。

这就要求政府在行政管理体制改革过程中，需要建立一些新的社会组织以承接过去由政府包揽的事务。这些社会组织的成立，重构了政府与个人、企业的关系，同时也降低了政府自身的运营成本，提高了政府的工作效率。从某种程度上可以说，社会组织形塑了新的社会形态。[①]

三、从事慈善事业和弱势群体援助，促进社会公平正义

这对于实施统筹城乡发展战略和建设社会主义新农村极为重要。社会组织在城乡社会保障体系中，可以弥补政府社会保障体系的不足，维护社会安全，促进城乡人员流动等。如重庆已有 305 个"稻草援助中心"，辐射范围为全市 1/3 左右的乡镇，初步弥补了慈善组织网络在基层乡镇的空白。2009 年 11 月，由重庆市教育委员会主管的重庆市教育发展基金会经重庆市民政局注册备案。此外，重庆市还有一批致力于为弱势群体服务的社会组织，如慧灵智障人士社区服务中心、重庆江津向阳儿童发展中心等。

四、提供公共服务，满足多元化需求

文化产品可以分为纯公共物品、准公共物品和私人物品，私人物品的文化产品可以通过市场机制来解决，纯公共物品和部分准公共物品可以由政府来提供，但是许多文化准公共物品，市场机制并不能解决、政府也不能满足，市场和政府在满足这种文化多元需求方面的弱点，恰好是社会组织的优势。社会组织所追求的正好能满足特定群体的文化利益需求。

我国目前正处于过渡期，这一时期也是公共需求快速扩张的时期。政府难以应对社会需求和利益格局的多元化趋势，不能满足数目巨大、种类繁多甚至彼此冲突的局部需要。这一矛盾的解决需要民间组织的参与，民间组织的产生本身就是社会需求和利益格局多元化的结果，其运行成本低、贴近基层和追求特定群体利益满足的特点决定了它可以及时发现社会

---

① 蒲奇军、罗伟：《重庆民间组织发展报告》，2016 年。

的新需求，并迅速、低成本地提供相应的服务。

五、促进社会有效沟通，增进社会和谐

基金会是政府与民众的中介，作用发挥得好可以提供一条有效的沟通渠道，成为民众利益诉求表达的重要载体，从而使得许多社会矛盾和问题得到缓解甚至解决，从而促进社区乃至整个社会的安定和谐。首先，社会组织可以促进民众利益表达的理性化；其次，社会组织可以促使利益诉求表达的多元化；再次，社会组织可以提高利益诉求的质量；最后，社会组织可以降低利益诉求的成本。另外，社会组织通常都会专注某些价值关怀。它们通过开展各种形式的倡议活动、实践活动和动员组织志愿者、义工等方式，增进社会和谐。①

六、协同治理创新，区县实践探索

为进一步营造基金会发展的良好环境，支持基金会作用发挥。重庆市民政局每年定期召开基金会（慈善组织）年检年报情况通报会，要求各基金会及慈善组织，要认真学习贯彻《慈善法》，努力树立品牌意识，在制度建设和规范管理上下功夫，树立良好的公益形象。总体来看，重庆市的基金会运行规范，基本做到依法办会，健康发展，为服务全市经济社会发展、促进慈善事业、维护社会稳定、构建和谐社会作出了积极贡献。

（一）发展环境得到改善，各类文件政策相继出台

近年来，渝北区本着重在发展的工作思路，高度重视对社会组织的扶持培育，重点培育和发展有利于构建和谐社会的公益慈善类社会组织。要大力推动基金会健康协调发展，加大培育发展力度，优先发展行业协会、社会公益组织和服务性民间组织，充分发挥其在发展第三产业、扩大社会

---

① 蒲奇军、罗伟：《重庆民间组织发展报告》，2016 年。

就业、方便群众生活、促进经济发展等方面的积极作用。

（二）发展体系初步形成，社会组织覆盖广泛

渝北区民政局的一组统计数据显示，近年来，全区社会组织登记范围逐年扩大，登记数量逐年增加，每年以 10%左右的发展速度递增。从社会组织发展的层级状况来看，区级社会组织 304 家、镇街级社会组织 18 家、社区级社会组织 22 家；全区社会组织已经广泛活跃在国计民生的方方面面，初步形成了门类齐全、层次多样、覆盖广泛的社会组织体系，成为全区经济社会建设与管理服务不可或缺的一支重要生力军。

（三）功能作用日益凸显，成为社会管理的重要补充

随着经济社会发展，渝北区社会组织越来越多地参与社会管理与公共服务中，在服务经济发展、激发社会活力、促进社会公平、倡导互助友爱、缓解就业压力、推进公益事业、反映公众诉求、化解社会矛盾等方面发挥了重要作用。诸如，民办非企业单位正成为政府公共服务的有力补充。该区桂湖老年公寓、梦园老年公寓、松鹤老年公寓等社会养老机构的兴办，为全区养老服务体系建设提供了支撑；重庆一中寄宿学校、巴蜀鲁能幼儿园、葵花幼儿园、中科职业培训学校等民办教育机构的迅速兴起，弥补了教育资源的不足；龙湖医院、天爱残疾人康复中心等民间医疗服务机构的不断发展，成为了卫生保障体系的有效补充。

与此同时，行业协会成为会员单位与政府、市场之间的"交换器"，充当和发挥了联络员、通信员和组织员的作用。渝北区商业联合会、民营经济（私营）协会、福利企业联合会、餐饮行业协会等行业协会，为会员提供技术、产销、维权等服务，呈现出"建一个组织、兴一方产业、活一方经济、富一批群众"的良好局面。此外，专业性和公益性社会组织成为服务特殊群体的重要平台和载体，承担了大量为老年人、青少年、残疾人、贫困群体服务的社会工作。

（四）管理水平不断提高，例行年检成为常态化制度

近年来，渝北区社会组织自身建设不断加强，大多数社会组织都积极倡导树立"以自律为发展之道，以诚信为立身之本"的发展理念，社会组织规范运行的自觉性进一步增强。渝北区工业企业联合会、农业经济学会、医学会、财政会计学会等行业协会都从章程入手，全面规范了社会组织财务、用工、日常管理等制度，有效提高了社会组织自我约束、自我管理、自我教育、自我服务的能力。

而大多数经营性的社会组织也全面落实了服务公开、价格公示等制度，将服务内容、服务方式、服务责任及收费标准等向社会公开，并接受社会监督。渝北区民政部门通过严格执行社会组织准入制度、年检制度、重大活动报告制度、现场监督制度，有效地加强了社会组织的监督管理，规范了行政审批行为，纠正了社会中介组织和行业协会违规收费行为，坚决打击了非法活动，及时取缔非法社会组织。

但部分基金会在党的建设、内部治理、公益事业（慈善活动）支出、项目设计和管理、信息公开等方面也存在不足。未来针对基金会管理工作，要重点在以下方面加强相关工作：一是建立完善协调联动机制，与财政、税务、公安等部门加强沟通，共享信息，形成监管合力；二是加强重点监管，加强对重点监管对象走访调查，加强工作指导和情况掌握；三是强化党建意识，加强党建工作引导，配合有关部门督促符合条件的基金会建立党组织、派驻党建指导员，实现党建工作全覆盖。

第五章 协同之法：基金会协同社会治理结构理论分析

从 20 世纪 80 年代中期开始，国家及各省、直辖市、自治区立法部门或相关职能部门就陆续颁布一些与公益慈善相关的法律法规和政策文件，如 1999 年《中华人民共和国公益事业捐赠法》、2004 年《基金会管理条例》、2014 年《关于促进慈善事业健康发展的指导意见》等。2016 年 3 月 16 日，第十二届全国人民代表大会第四次会议通过的《中华人民共和国慈善法》（以下简称《慈善法》）是我国慈善领域的基础性、综合性法律，规定了要建立慈善信息的公开制度，将中国人民存善念、行善举的朴素意识上升为统一的国家意志，开启了中国依法治"善"的时代。

随着《慈善法》的通过，社会大众也开始关注慈善法、慈善组织和慈善行为，这将在全面依法治国的道路上推进社会组织依法运作。修订基金会、社会团体和民办非企业的管理条例，以适应快速变革的中国社会；研究基金会等不同形式的社会组织，分析社会组织的体制机制，进而与我国社会体制、经济制度和政府职能改革结合起来，构建一个完备的社会组织运作和监管体系，是恰逢其时的。

党的十九大报告提出完善"党委领导、政府负责、社会协同、公众参与、法治保障"的社会治理体制。党的十九届四中全会提出，要创新治理手段、提升社会治理效能，完善"党委领导、政府负责、民主协商、社会协同、公众参与、法治保障、科技支撑"的社会治理体系。很显然，"党委领导"是关键，要坚持党的集中统一领导，以党建为统领。基金会协同社会治理本质上是要形成一个社会治理共同体，强调在党的领导下政府、社区、企业、非营利组织、居民等之间的共建共享的治理过程。

当前我国正处在全面建成小康社会的决胜期，政府与社会组织的关系是社会治理结构改革和创新的关键。"政府负责"是基础，作为公共服务型政府的主要职能是"民生"工程的落实。政府正在进行自身的职能转移和改革，改革过去全能型的政府。在这种转型背景下，伴随权力下放和资源重新配置，社会组织能够在一定程度上得到赋权，拥有一定范围内的资源。但是务必要界定政府责任和基金会的角色及关系定位。政府责任与民间慈善的关系关乎国家与社会关系，政府在慈善领域是扮演监督者和培育者的角色，而并非是直接的行善者。政府以通过建立准入制度和秩序规范来监督管理基金会，以公平的税收政策、讲究效益的政府采购公共服务等方式来培育和扶持慈善事业，增强民间社会的自治能力和活力，以慈善法为通道，不断将内在的"慈"转化为外在的"善"。

本章将从理论方面分析基金会与政府之间的关系，并对基金会做类型划分，为后面的案例分析做准备。基金会虽然是非营利的，但从资金的角度看必将遵循现代市场的基本法则。契约精神是现代市场得以生发的基础。发达经济体的社会组织已经突破了狭隘的非营利观，以市场为基础进行社会企业的建设，不仅出现很多社会创新企业，而且将市场投资规则复制到社会企业运营过程中，这是一种非营利的超越。所以社会组织改革发展的方向虽仍是非营利的，但我们可以进行过程创新，走出一条具有中国特色的富有现代契约精神的基金会发展之路。基金会如果走向契约之路需要重新考量与政府、市场以及其他社会主体之间的关系，才能达到"利益契合"。

第一节　基金会与政府的关系分析

一、西方社会组织与政府的合作关系

西方社会组织的运行模式特点是合作。这种合作模式包括社会组织与政府、企业、科研机构、其他社会组织以及媒体的合作。其中社会组织与政府的合作关系是社会组织运行的重要一环，也是决定性的一环。

（一）社会组织与政府合作的先置条件

首先，从制度设计方面来讲，西方社会组织能够参与到政府决策、政策制定、实施、行政管理、监督以及国家立法、法律诉讼、行政执法、监管等活动之中。建立社会组织有效政治参与和社会参与的制度环境，在参与中寻求合作的契机，体现政府在国家治理中的主体地位，同时体现社会组织的协同定位。

其次，从社会组织发展方面来讲，西方社会发育的重要结果是公共空间或领域的成熟。在此公共空间中社会组织的发展经历从人格型（Charisma）到公共参与阶段，再发展为全球化网络阶段。社会组织的公共参与阶段是其发展的重要阶段，同时是社会组织有效与政府合作的基础。随着全球化进程的不断加速，社会组织的全球网络造就了西方社会组织与各国政府的密切合作。

最后，从西方社会思潮发展方面来说，社会组织与政府合作的理论基础形成于"法团主义"与"多元主义"思潮之中。法团主义强调政府对社会领域的干预以及社会领域的集体化。多元主义强调社会主体的自主性，及其与政府的契约合作。二者的核心社会基础是西方公共空间或领域的成熟。如何在法团主义与多元主义之间找到平衡点是西方社会组织与政府合作的关键。

（二）西方社会组织与政府合作的运行模式

下面以西方环保社会组织为例，从组织发展、与政府合作等方面看其运行模式。

1. 精英人士的发起阶段

18世纪上半叶，发达国家工业化发展产生了一定的环境问题，而此时政府在"重市场轻环保"的背景下，环保行动基本由社会精英人士倡导和发起。此期间涌现的代表组织有：民间动物保护组织（1824年，爱

尔兰），动物保护协会（1845 年，法国），共用地及乡间小路保护协会
（1865 年，英国），东区保护海鸟协会（1867 年，英国），鸟类保护协会
（1889 年，英国）和禁止残害动物马萨诸塞州协会（1868 年，美国）等。

2. 公共参与的成熟阶段

第二次世界大战结束到 20 世纪 80 年代，民众环保呼声高涨，环保运
动突破了精英主义的阶段，逐渐走向了公众参与，有些甚至自发组成组织
联盟，共同维护环境安全。这期间主要的代表组织有：保护野生动物联
盟、保护乡村联盟、苏格兰野生动物及乡村保护联盟、北爱尔兰的环境保
护联盟和绿色联盟等。

3. 全球网络化的发展阶段

自 20 年代 80 年代后，环境问题引起了全球性的关注，环境保护则更
需要全人类的共同参与和行动，网络化的出现为环保民间组织的良好发展
带来了机遇。环保民间组织在世界各地开始构建网络体系，在各国设置分
支机构，活动范围更加广泛，影响力度更大。主要代表组织有：世界自然
保护联盟、世界野生生物基金会、绿色和平组织、世界自然基金等。西方
国家环境非政府组织通过协作与游说参与政府政策的制定，大多针对已经
出现的问题，由民间组织向法院起诉、向议会呼吁、游说，最终通过立
法，实现对污染和生态破坏的治理、补偿、监督和控制。如世界自然基金
会与马达加斯加政府合作制定出该国小学环境教学计划，与中国林业部合
作开展保护大熊猫的计划，成功开展了限制象牙交易的国际活动，与其他
组织共同促使各国政府在巴西里约热内卢召开的联合国环境与发展大会上
签署了《生物多样性和气候公约》。如自然资源保护委员会对美国能源部
在实施改进大量产品能源效率标准方面比联邦法律的规定时限晚了 13 年
的行为进行起诉，最终促使美国国会首次颁布了严格的效率标准并定期更
新标准。①

①　陈玲、周静、周美春：《西方环保民间组织的发展及借鉴研究》，《环境科学与管理》
2013 年第 9 期。

（三）西方社会组织与政府关系议题

西方社会组织与政府关系的议题是国家与社会研究的一个重要视角，其中法团主义与多元主义等西方社会思潮影响了社会组织与政府的关系取向。

1. 合作是社会组织与政府关系的理想类型之一

西方社会组织与政府的关系又从不同的视角进一步得到细分。根据服务两个要素中政府与非营利组织的作用大小，Gidron，Kramer 和 Salamon 提出了"政府提供资金—非营利组织提供服务"的合作模式。Gidron 等认为，所有的福利服务有两个关键要素：一是服务的资金筹集和授权；二是服务的实际配送。以这两种要素为核心变量，提出政府与非营利部门合作的四种模式：（1）合作模式：由政府提供资金，由非营利组织提供配送服务；（2）政府支配模式：政府既是主要的资金提供者，又是主要的服务提供者；（3）第三部门支配模式：非营利组织在资金筹措和服务配送方面占据支配地位；（4）双重模式：政府和非营利组织共同提供公共物品，但是在各自的领域独立负责资金筹措和服务配送。

根据双方的战略性制度利益是否一致，Najam 提出了合作模式是一种建立在"政策目标—实现策略一致性"基础上的关系模式。Najam 强调政府—非营利组织关系模式取决于双方不同的战略性制度利益，而不单独由背景因素或者政府的动机所决定。基于双方所追求的目标及其偏好的策略这两个维度，Najam 把政府—非营利组织关系归结为以下四种类型：（1）合作型：政府和非营利组织不仅拥有相似的政策目标，而且也偏好相似的实现策略，即双方的目的和手段本质上是一致的；（2）冲突型：双方都认为其目标和策略处于或明或暗的冲突当中；（3）互补型：双方追求的目标一致，但偏好于不同的策略；（4）吸收型：双方偏好相似的策略，但是追求不同的目标。

Young 根据双方经费支出的相关性，提出"非营利组织的活动规模同政府的经费支出呈正向关系"是判断合作关系是否存在的重要标准。

Young 通过回顾历史，根据政府和非政府组织经费支出规模的相关性，总结出了三种具体关系模式：（1）合作模式：非营利部门的支出同政府支出呈正向关系。即当政府经费支出增加时，由非营利组织负责的活动规模也同时扩大。说明在这种关系模式中，非营利组织协助政府配送由政府资助的公共物品，被视为政府的合作伙伴。（2）补充模式：非营利部门的支出同政府支出呈反向关系。即当政府在公共物品供给方面承担较多的责任时，由非营利组织来提供公共物品的需求就减少。（3）抗衡模式：非营利组织同政府之间的关系并不存在清晰的一致性模式，但两者相互影响，如非政府组织督促政府对公共政策进行变革和对社会公众负责；政府也会通过规范非营利组织的服务来影响其行为。

为了从宏观层面快速评价政府—非营利组织关系，Coston 提出了一个由八种关系模式组成的连续谱。按照现存政策空间与非营利部门可能履行的职能之间的关系，从差距最大到差距最小，政府—非营利组织关系模式依次为压制—敌对—竞争—合约—第三方治理—协作—互补—合作。Coston 一方面强调了八种关系模式的连续性；另一方面，指出合作模式作为最积极的互动关系状态，只有在政府支持制度多元化下的条件下才可能实现。在政府反对制度多元化的情况下，政府—非营利组织关系是以压制和敌对为主要特点，非营利组织拥护政府和向政府发起挑战的选择空间就会很有限。①

2. 合作是社会组织与政府关系的目标类型

在社会组织与政府合作的基础上，社会组织协同治理才成为可能。但是，二者的合作并非是静态的，而是动态的；在社会组织与政府关系的理想类型中，冲突、互补、合作往往不能截然分开。所以，Coston 提出的"谱系论"具有重要的借鉴意义。

首先，从政府管理的角度看，社会组织是其监管的对象，并非是合作

---

① 杨方方：《残疾人社会保障中政府与民间组织的合作模式：一个初步的探讨》，《山东社会科学》2011 年第 1 期。

的第一对象。这样就为社会组织与政府冲突埋下伏笔。二者关系的开始往往出现压制、敌对、竞争等形式，随着关系的进一步协调可能出现合作的趋向。其次，从社会组织建设与管理的规律看，社会组织在培育、发展、成熟以及良性运行等不同阶段，其与政府互动的特点也各不相同。只有在动态的发展过程中才能真实地反映二者关系的一般规律。最后，从纵向看，社会组织与政府关系的最终归宿，利益契合才是二者互动的目标。即使是与政府建立良好合作关系的社会组织，在其运行过程中，就某一件事项而言，也经历着一系列与政府之间"压制—敌对—竞争—合约—第三方治理—协作—互补—合作"的谱系关系过程。

二、基金会与政府利益契合关系的谱系

基金会与政府利益契合关系是一种动态的谱系。换言之，二者关系的谱系以法团主义和多元主义为两极，利益契合是二者合作关系的一种最优状态，在追求最优的过程中社会组织才能实现有效的协同治理。基金会与政府的关系分析不仅需要"理想类型"作为理论基础，而且需要进一步拓展分析的理论架构，以准确定位基金会与政府关系的现实模式。

（一）既有研究成果的分析

"政府控制下的利益契合"视角提供了一种动态的社会组织与政府关系的模式，在此模式下政府不全然控制或支持社会组织行动，同时社会组织参与政府行为的程度随其与政府的互动而显示出高低的变化。该视角体现了社会组织与政府关系的动态模拟的一般过程，但是利益契合的操作化明显不足，利益契合与社会组织政策参与程度只是高低之分，政府策略只是控制与支持之分，没有体现出动态过程中社会组织与政府关系的细微变化。

江华等的研究《利益契合：转型期中国国家与社会关系的一个分析框架——以行业组织政策参与为案例》为行业组织的政策参与提出了一个新分析框架：政府控制下的利益契合（见图5-1）。该分析框架认为转型期中国国家与社会关系既非完全的政府控制，又非控制与支持并行，而

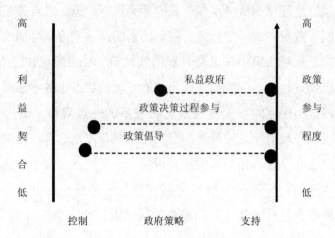

图 5-1 《利益契合：转型期中国国家与社会关系的一个分析框架》的分析框架

资料来源：江华、张建民、周莹：《利益契合：转型期中国国家与社会关系的一个分析框架——以行业组织政策参与为案例》，《社会学研究》2011年第3期。

是在政府控制下的支持。作为"经济人"的政府是选择控制还是支持，取决于二者利益契合的程度。与其他分析框架相比，该分析框架的动力机制有所不同，即认为国家与社会的利益诉求因情境不同既有一致又有分歧，利益契合是根本驱动力。①

（二）从"法团—多元主义"视角的分析

该理论框架虽然细分了社会组织与政府关系的不同状态，将二者关系的谱系展现开来，但是缺乏动态性，不足以冠之"谱系"。然而该理论框架的意义在于将政府控制下的社会组织生态具体地进行了操作化。一方面从政府监管的立场将二者关系着重定位为"授权""控制"和"垄断性"。另一方面从社会组织运行的立场将二者关系着重定位为"自主性""自治性"和"契约化"。虽然操作化略显简单，但是在目前社会组织与政府关系的现实中，这些概念足以构成一种动态的关系谱系。

---

① 江华、张建民、周莹：《利益契合：转型期中国国家与社会关系的一个分析框架——以行业组织政策参与为案例》，《社会学研究》2011年第3期。

范明林在《非政府组织与政府的互动关系——基于法团主义和市民社会视角的比较个案研究》中指出，在理论框架上，就法团主义理论而言，主要借鉴了斯密特关于"国家法团主义"和"社会法团主义"的经典分类，且认为国家法团主义所代表的政治和社会体制背景更贴近于中国现实。通过对相关理论的梳理，作者认为授权、控制和垄断性构成了国家法团主义的三个基本维度。在该文中，授权被操作化为法规依据、政府文件认可等；控制被操作化为业务主管单位设置、经费来源、领导人选的产生、机构对行政架构的依附程度等，垄断地位则被操作化为机构是否由政府出面组建、在同一领域是否有其他服务提供者与之竞争等。就市民社会理论而言，志愿性中间社团一向被视为市民社会的结构性要素，强调其独立于国家的相对自主性，个人主义、多元主义、开放性、契约化等则构成了市民社会的基本价值和原则。在该文中，作者主要使用自主性、自治性、契约化这三个维度来考察非政府组织在与政府的互动关系中所表现出来的市民社会特征。其中，自主性被操作化为服务领域和服务内容的决定、经费筹措和员工招募权等，自治性被操作化为机构董事会的设立与否及其作用，以及机构负责人的挑选等，契约化则被操作化为形式化契约合同的签订和遵守。[①]

（三）构建社会组织与政府关系的动态谱系

在既有研究的基础上，发现社会组织与政府关系的概念化类型，同时发现二者关系的一种最优动态平衡，那么将两种理论视角的优势结合起来就会避免各自的不足，同时结合重庆市基金会的实际，可将基金会与政府关系的谱系进一步做出优化。

鉴于基金会领域目前竞争态势不明显，可将"垄断性"作为考察基金会与政府关系谱系的一个重要出发点。所谓垄断性，主要表现在基金会的社会地位，其中政府的支持是关键，在基金会业务范围内没有竞争者是

---

① 范明林：《非政府组织与政府的互动关系——基于法团主义和市民社会视角的比较个案研究》，《社会学研究》2010年第3期。

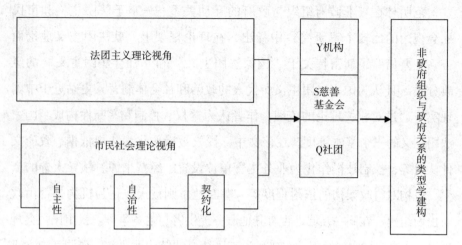

图 5-2　《非政府组织与政府的互动关系》的研究策略

资料来源：范明林：《非政府组织与政府的互动关系——基于法团主义和市民社会视角的比较个案研究》，《社会学研究》2010 年第 3 期。

其突出标志。当然，在垄断性方面，除社会地位外，还包括社会需求、制度环境方面的垄断。基金会对社会需求的垄断表现是需要援助的群体或个人进行社会选择的空间很小，基金会依靠政府选择垄断社会需求的满足。基金会对制度环境的垄断指基金会与既有制度的高度契合。

　　基于垄断性特征，可将基金会与政府关系的谱系构成分为：垄断控制和垄断授权两种类型。垄断控制指政府不仅依规认可授权基金会运作，而且在业务主管、经费、机构组织等方面将基金会纳入日常行政运行之中。垄断授权主要强调政府对基金会的依规认可，相较于垄断控制，其与政府的关系相对松散。

　　目前社会组织双重管理体制决定了社会组织与政府或其部门的基本关系状态是依附关系，依附虽然必须首先得到政府授权，有些情况下还要受到政府控制，但是依附是最重要的特点，在基金会发起成立之初，可能看见授权的政府因素，在基金会运作过程中也会发现政府控制的因素，但是大多数时间"依附"的基金会与政府关系的重点已经游离出垄断、控制、授权这些因素。

　　相对地，在多元主义理论影响下的社会组织与政府关系的理想类型中，社会组织的独立性与自主管理是该理论强调的重点。因重庆市基金会样本选取于重庆市民政局登记管理的基金会，所以大量未登记的"草根组织"并未纳入样本中，而这些草根组织往往符合自治、自主以及契约性。当前登记管理的基金会同样有一些符合自治、自主及契约性，在动态视角下应该强调"自治"的重要性。

第一，自治表明社会组织与政府关系的最远"距离"。自治的社会组织运行独立于政府及部门，政府及部门除监管责任外不干涉社会组织事务。相应地其与政府的关系也就疏远了，与政府展开合作的可能性也就很小，参与社会治理的机会也小，就实践经验看，这种关系类型不符合社会组织与政府合作的趋向，组织本身也就难以为继。研究表明，这种严格按照西方多元主义思潮设计的社会组织运行模式只是一种理想类型，并不符合中国的实际，所以强调自治旨在将其放置在社会组织与政府关系谱系的另外一极。

第二，自治对于登记基金会而言，只是表明基金会建立起规范的组织机构，并发挥作用，实现基金会的自我管理和运作。因为目前登记的基金会按照条例均应该成立相应的组织机构，特别是理事会和监事会，并发挥重要作用，同时基金会筹备以及理事会换届时基金会理事会也有挑选理事会领导人的权力，符合自治。

第三，在自治的基础上，进一步将社会组织与政府关系谱系的另外一极分为自治自主和自治契约两种类型。自主表明社会组织运作排除政府及其他组织的干预，契约表明社会组织开展项目活动时严格按合同办事。在自治的前提下，自治自主的社会组织强调其自主性，自治契约的社会组织强调其契约性。

第四，"契约型"的社会组织表明其与政府的关系更近，自治、自主的特点均未得到强调，唯有契约特点表明其在谱系中的定位，此类型的关系表明社会组织关注契约的建立与履行。比较而言，自治自主的社会组织与政府的关系最远，其次是自治契约的组织，最后是契约的组织，这样就构成一种远近不同的社会组织与政府关系类型的谱系（见图5-3）。

图5-3 社会组织与政府关系类型的谱系

三、基金会与政府利益契合关系的影响因素

（一）发展因素

发展因素包括基金会的社会定位、社会需求、社会参与程度及其制度环境。所谓发展因素是影响基金会发展的因素，从社会组织"需求—供给"理论和制度环境理论视角出发，基金会的福利供给能力取决于基金会的社会定位。基金会按照现行基金会管理条例分为公募基金会和非公募基金会，按照基金会组织机构设置分为官办基金会和非官办基金会，按照业务范围分为垄断基金会和非垄断基金会，基金会的社会定位主要是其与政府的关系状况，特别是能否获得政府的积极支持，以及基金会业务范围是否具有垄断性。实践表明，官办基金会一般是公募基金会，特别是全国范围内扮演枢纽作用的垄断性基金会，往往被融入政府行政运行体系之中，例如重庆市慈善总会下设的基金会、重庆市残疾人联合会下设的基金会等。这些类型的基金会具有较高的社会地位，开展活动的资源动员能力和福利供给能力源自官方机构背景和各级政府的积极支持。社会定位较高的基金会能够与各级政府形成良好的利益契合关系，同时能够增强其福利供给能力，形成基金会发展的良性循环。基金会的社会定位指向其存在和发展运行的合法性，这种合法性能够有效保障基金会参与社会治理之中。

基金会的社会需求是有捐赠意愿的公民、组织，能够通过基金会完成他们的慈善表达诉求，并通过基金会直接资助或项目运作等方式将其捐赠既有效率又兼顾公平地送达到需要的公民或组织手中；相对地，有需要资助的公民、组织能够通过基金会管道获得及时有效的资助，从而改善自己的生活和增进社会福利。实际上，当前我国基金会并不拥有畅通的社会需求传递管道，主要表现是基金会忙于寻求资助对象的同时千方百计地挖掘捐赠者，社会需求的传递阻塞造成基金会自身发展的瓶颈，也给政府利益契合关系带来影响。一方面，社会需求传递通畅的基金会能够协同政府及其部门解决特定领域的社会问题，推动社会福利的改善和社会治理的创新，从而促使基金会与政府利益的进一步契合，既协同政府社会治理又加强自身的建设与发展；另一方面，社会需求传递阻塞的基金会因自身发展的瓶颈可能面临消亡的危险，这就需要通过政府指派接受捐赠和资助的人群，结果未能发挥基金会应有的作用，成为政府的一种负担，不利于二者利益关系的契合，不利于基金会自身的建设与发展，也不能积极有效地协调政府的社会治理。

基金会的社会参与程度指基金会通过资金资助和项目运作参与经济社会发展，特别是政府社会治理的程度。社会参与程度理论认为：（1）假参与：参与类型包括操纵和训导，旨在治愈或教育公民，通过运用公共关系的技术，达到使公民放弃实际权力的目的。（2）表面参与：参与类型包括通知和咨询，通知是恰当参与的第一步，但往往只是一个单向过程，没有真正地反馈给那些掌握权力的人。咨询是发现人们的需要和表达其关切的重要尝试，但只是一个假装倾听的仪式。（3）高层次表面参与：参与类型包括安抚或展示，指给公民提出建议的机会但没有实际权力。（4）深度参与：参与类型包括伙伴关系或合作、授权、公众控制。伙伴关系或合作指通过协商和责任的联合承担重新分配权力；授权是赋予公民决策和问责的权力和权威；公众控制是赋予公民完全的决定和控制执行资金的责任。[①]

就参与的领域来看，社会参与主要集中在以下四个领域：（1）立法决策，如《物权法》《就业促进法》以及《劳动合同法》在出台过程中曾采

---

① 刘红岩：《国内外社会参与程度与参与形式研究述评》，《中国行政管理》2012年第7期。

用立法听证会和听取意见等形式；（2）公共政策，如环境保护领域的厦门PX事件和圆明园防渗工程事件中的"散步"和专家论证等形式，公共事业管理领域的2006年北京市出租车调价听证，城市规划领域的北京秀水市场的拆迁，公共预算领域的浙江温岭模式等；（3）基层治理，如宁波海曙区参与式治理、山西永济农民协会参与农村治理等；（4）其他领域，如"5·12"四川地震救灾中的社会参与，草海保护区扶贫项目管理中的社会参与等。①

基金会社会参与的程度分为低度参与、中度参与和高度参与。按照参与的领域，低度参与主要包括基金会参与资金直接资助和项目运作资助，涉及慈善公益领域；中度参与主要包括基金会参与基层社会治理；高度参与主要包括基金会参与公共政策的改善和国家立法决策的运作等。基金会的社会参与程度影响其与政府利益关系的契合，影响其协同政府社会治理的程度，影响基金会作用的发挥。深度社会参与能够使基金会充分发挥其社会作用，增强基金会自身的影响力和社会定位，实现与政府的合作，促进政府社会治理的完善。当前我国基金会的社会参与程度大多数属于低度参与，如何提高基金会社会参与的程度，促使其参与基层社会治理甚至是参与改善政府公共政策，乃至国家或省级法律法规的出台和施行，是社会组织协同政府社会治理创新的重要议题。

基金会的制度环境主要包括政府社会组织建设与管理的制度、政府行政管理体制、市场环境以及社会体制的改革创新。制度环境深刻影响基金会的发展，影响基金会与政府利益契合关系的构建，影响基金会协同政府社会治理的水平。当前我国基金会改革发展面临的主要问题包括其制度环境不佳所导致的基金会监管、运作、公信力等方面的问题，政府双重管理体制、市场化改革的不足、社会组织体制的不完善等制度环境因素导致了基金会的社会支持不足，与政府、市场合作不深入，内部治理不规范，项目运行不合理，监管不足以及活力欠佳等问题。

---

① 刘红岩：《国内外社会参与程度与参与形式研究述评》，《中国行政管理》2012年第7期。

（二）控制因素

控制因素包括基金会的体制内组织网络、行政运行体系。政府对社会组织的监管表现为控制因素。社会组织虽然是社会治理体系中的重要力量，但是政府必须对其进行常态化的有效监管才能促进社会组织作用的充分发挥，才能保证社会治理的效果。所谓基金会的体制内组织网络主要针对官办基金会，例如中华慈善总会所拥有的全国体制内组织网络，这种组织网络犹如政府行政体系，在全国范围内垂直建立，横向上在每一级政府组织体系内部也有基金会的位置并进入日常行政运行体系。基金会的体制内组织网络和行政运行体系影响基金会与政府利益契合关系，纳入行政系统的官办基金会受到政府的有效控制，更重要的是基金会能够通过行政系统获得资源，并有效建立与各级政府的关系，这是非官办基金会所缺少的权力便利，也是非官办基金会缺乏政府信任的重要原因。理论上说，控制因素的主体应该是政府所实施的有效监管，建立有效的社会组织监管体制。在权力运行过程中应该保证公平性，保证基金会得到公平对待，增强政府对基金会的信任。

社会组织监管体制，指的是国家关于社会组织管理的行政机构设置、权限划分、权力运行机制等方面的体系和制度的总称，包括社会组织的登记、备案、分类监管和行为管理等制度。现代社会组织的监管体制实质上体现的是国家与社会关系的一个基本侧面，是利用公权力处理国家与社会关系的一种国家制度，在本质上是政府对社会组织发展的一种风险控制体制。近年来，随着社会管理创新实践的不断深入，中央和地方各级政府正在按照统一登记、各司其职、协调配合、分级负责、依法监管的要求，积极推进我国社会组织管理体制的改革创新，努力形成一种以组织发展为目标、以规范监管为手段、以风险控制为限度的现代社会组织的监管体制。[①]

---

① 王名、张严冰、马建银：《谈谈加快形成现代社会组织体制问题》，《社会》2013年第3期。

（三）规范因素

规范因素包括基金会的内部治理、运作、合法性依据等。基金会的内部治理包括基金会组织机构、人力资源管理、财务资产管理、档案证章管理等。基金会组织机构的规范化主要强调理事会、监事或监事会的规范运行，理事会领导人及理事能够积极运用理事会对基金会的日常工作与运行进行决策，监事或监事会能够在基金会内部做好监督工作。基金会组织机构的独立性、自治性与基金会发展同政府利益契合关系密切相关，决定了基金会与政府利益契合关系的类型。例如官办基金会理事会成员均为行政机关人员兼职，特别是理事长人选关系到基金会在行政系统中的社会定位，一般来说理事长本职工作的职位越高、行政级别越高，他所领衔的基金会在与政府合作的过程中就会获得更高的信任，获得更便利的资源配置服务，其与政府利益契合关系谱系中的位置就越靠近垄断性的一极。基金会的人力资源管理、财务资产管理和档案证章管理的规范化指基金会建立相对应的一系列制度。用制度管理人、财、物就会增强基金会的运行效率，增强基金会的公信力，改善基金会的社会形象，为与政府加强合作，协同政府社会治理奠定自身能力基础。

执政党与政府在社会组织管理上的三种战略思路及其制度安排包括：（1）发展型战略。这种战略基于执政党与政府的政治理想，执政党与政府对社会组织的基本态度是"发展"。这种战略在本质上来源于思想的力量，是一种以发展社会组织为导向的带有理想色彩的战略思路，并形成了与发展社会组织相关联的一整套方针、原则和相应的制度安排。（2）控制型战略。这种战略基于现实执政过程中的危机应对，执政党与政府对社会组织的基本态度是"控制"。这种战略在本质上源于现实的力量，是一种为了应对、缓解或解决由社会组织发展所带来的各种社会问题，包括社会矛盾、社会风险和社会危机，而以控制为导向的带有临时性应对色彩的战略思路，并形成了与控制社会组织相关联的一整套具体措施、政策及相应的制度安排。（3）规范型战略。这种战略基于执政合法化的动力，执政党和政府对社会组织的基本态度是"规范化管理"。这种战略在本质上源于规范的力量，是一种更加强调制度与法律规范的合理性，更加强调将社会组织的管理纳入法制化、规范化的轨道，即以规范管理社会组织的发展为导向的战略思路，形成了与规范社会组织的发展相关联的一整套法律法规、管理体制、宏观政策及相应的制度安排。①

四、基金会与政府关系的趋向分析

进入 21 世纪，我国经济呈现出前所未有的发展势头，整个社会转型也全面展开，对社会组织的发展来说在提供重要发展机遇的同时也面临着挑战。概括起来，这些机遇和挑战主要包括如下八个方面：（1）继续坚定不移地推进改革，为社会组织的发展带来更多的空间；（2）持续稳定的经济增长，将为普遍的结社活动奠定基础，而贫富两极分化及各种社会问题的蓄积则为谋求社会公正的社会组织提供了机遇；（3）随着现行法律法规的修改完善，一个法制化的外部环境正在逐步形成，社会组织的健康发展将获得制度方面的积极保障；（4）随着市场经济走向成熟，来自市场体系的各种力量也推动着社会组织的成长壮大；（5）全球化为我国社会组织的发展带来了机遇和挑战；（6）在经济市场化和社会多元化的进程中，公民自由、自主、自治和志愿服务的意识逐步培养和觉醒起来，公民参与的热情越来越高；（7）经济社会的发展导致社会分层日益显著，不同社会阶层及利益集团的形成也推动着结社和社会组织的发展；（8）互联网和手机通讯的发展普及引起社会关系的变革，对结社行为和社会组织的发展带来重大影响。②

在此背景下，基金会与政府关系的趋向主要有以下几方面：

---

① 王名、孙伟林：《社会组织管理体制：内在逻辑与发展趋势》，《中国行政管理》2011 年第 7 期。

② 王名：《走向公民社会——我国社会组织发展的历史及趋势》，《吉林大学社会科学学报》2009 年第 3 期。

（一）垄断控制与授权型基金会可能较长时期仍然存在

第一，由于我国行政事业单位改革尚需时日，社会组织政社分开的改革目标短期难以完全实现。这样诸如工会、共青团、妇联等垄断控制与授权型官方社会组织既能够继续享受免于登记、监管的特权，又能够继续拥有一般社会组织所没有的行政权力资源。就基金会而言，挂靠在各级官方社会组织下的垄断控制与授权型基金会就能够继续凭借其单位的行政便利，强化其与各级政府及部门的联系。

第二，由于我国社会组织体制改革仍然处于探索阶段，包括基金会在内的社会组织仍需要政府及部门的支持。获得政府支持在一定程度上就获得了社会组织的合法性，所以垄断控制与授权型基金会天然地拥有这种合法性，就会积极维持，保持与其他类型基金会比较的优越性。有很多"草根组织"，他们最大的困境是难以获得政府的支持。其他非公募基金会，特别是私人捐赠成立的基金会，随着时代变迁由于难以继续得到地方政府的支持，也面临运行困境。在社会组织体制未建立的情况下，垄断控制与授权型基金会具有明显的优势。

第三，由于基金会社会需求传递通道不通畅，基金会接受捐赠仍然需要政府动员，特别需要政府动员机制下市场主体的积极捐赠，同时在寻找捐助对象的过程中也需要政府部门的指示，所以垄断控制与授权型基金会需要政府背景，否则就难以解决捐赠与捐助的问题。从基金会自身发展的角度考虑，垄断控制与授权型基金会需要这种与政府接近的条件，需要解决收入与支出的问题，从而保证基金会运作的可持续性，通过挂靠单位寻找捐赠者，寻找捐助对象。在基金会社会需求机制未确立的背景下，难以实现社会福利的社会选择模式，政府选择往往替代社会选择在一定时期仍然是主流。

（二）自治自主与契约型基金会可能在不久的将来快速增多

第一，随着我国社会组织管理体制改革的深入，基金会双重管理制度已经开始松动，基金会的准入门槛的降低会催生众多新的组织。这些未来获得合法性的基金会，可能只有民政局的登记管理，而无需寻找挂靠单位，那么他们与政府之间的距离就会相对较远。不同于垄断控制与授权型基金会本身就是从挂靠单位中酝酿成立的，也不同于依附型基金会成立时必须寻找挂靠单位，未来新成立的基金会更多地将会具有自治性、自主性与契约性。此类基金会虽然与政府的接近程度较低，但是不意味着不能与政府形成利益契合关系。

第二，由于近年来某些基金会诚信崩溃，民众将推动社会福利的选择模式由政府选择向社会选择转变，具有非官方背景的获得合法身份的原草根组织获得民众的认可，也会进一步促进自治自主与契约型基金会的增多。例如深圳市社会组织管理制度改革实验，使得某一基金脱离原有的挂靠单位，单独在深圳市登记注册，获得自治自主的合法身份，并取得了民众的信任。如前所述，由于基金会的社会选择模式并不能在短期内实现转变，所以以政府选择为主导、以社会选择为辅助的社会福利模式仍然会在较长时期内存在。基金会也面临社会福利选择模式的转型期。

第三，按照社会组织发展的一般规律以及我国历史文化语境中类似于社会组织的一些民间组织的发展规律，自治自主与契约型社会组织是发展趋势。无论是政府行政体制改革的方向，市场化改革的趋势，还是社会体制改革的目标，都将社会组织定位于自治、自主、契约。所以，转型期新的基金会首先应该是自治自主与契约型，这样才符合未来对于社会组织的定位，才符合社会组织改革发展的一般规律。另外垄断控制与授权型基金会未来也面临改革，他们的改革方向首先是脱离挂靠单位，解决政社不分的问题，这样就会速成很多依附型基金会，随着改革的不断深入，这些基金会也会变得更加自治、自主以及富有契约性。

（三）依附型基金会可能通过改革速成

第一，对于垄断控制与授权型基金会而言，通过政社分离的改革，可以形成数量可观的依附型基金会。这种基金会保持与政府的联系，但是其所处的制度环境、内部治理以及监管体系决定了基金会运作的特征是对政府的依附，而非政府对其控制与授权，从而丧失在同一业务范围内的垄断地位。依附本质上是一种制度的路径依赖，虽然实现了政社分开，但基金会仍然接近政府及其部门。如上所述，按照我国社会体制改革的路线图，这种速成的基金会从长远角度看仍然是一种过渡形态，最终要实现社会组织的社会化。

第二，对于自治自主与契约型基金会而言，通过社会组织管理体制改革，一些草根组织能够通过民政部门的登记注册获得合法身份，并形成暂时性的依附型基金会。一方面源于当前我国福利资源的过度集中，换言之，行政权力的重要性不能被基金会所忽视，只有通过与政府的接近才能运作好业务；另一方面各级政府及其部门仍然以基金会与政府关系远近作为衡量对基金会信任度的标准，所以基金会要想展开业务，必须主动接近政府，为与政府形成良好的合作关系奠定信任基础。所以那些自治自主与契约型基金会首要的工作是如何处理与政府的距离关系问题。从而使基金会的关系类型向依附型基金会转变。

第三，契约型基金会通过政府行政体制改革，可以按照竞争的规则，以政府购买服务的形式，开展项目运作，客观上实现向依附型基金会转变。由于我国处于社会转型期，基金会与政府关系的走向在一定时期内会朝向依附型基金会集中，随着政府职能转变，市场化改革的深入，以及社会体制的逐步确立，这种依附型基金会的集中趋势会逐步减弱，基金会运作的社会化程度会进一步提升，行政权力的介入会逐渐减弱，一种按照市场竞争原则运作的现代慈善制度会充分发挥基金会的功能，避免政府、市场与社会的失灵。

（四）契约型基金会可能成为规范模式

第一，所谓契约型基金会指其与政府的关系突出表现为契约性，与政府合作的方式主要是购买服务，基金会通过项目策划，研究某一领域的突出问题，通过政府购买服务，基金会不仅在传统慈善领域直接资助，而且进一步扩展至基层社会治理研究、政府公共政策的改革以及法律法规的决策、制定、执行。要实现契约型基金会的关系模式，一方面需要政府进一步转变职能，需要高度规范的市场经济制度；另一方面需要完善的社会组织体制，在监管、合作、支持、治理等各个环节确立制度规范。所以契约型基金会可能成为未来基金会的规范模式，以引导基金会展开与政府的合作，建立与政府的利益契合关系。

第二，基金会与政府合作伙伴关系成为主流。目前基金会与政府的合作必然是以政府为主导，通常具有强势地位；基金会为辅助，具有弱势地位，这种合作并非伙伴关系的合作。基金会协同政府社会治理需要基金会与政府的合作伙伴关系，既能够避免因地位的悬殊而形成表面合作、协同治理，又能够充分发挥基金会的作用，还能够使得政府有效实施对基金会的监管。契约精神强调合同双方的地位平等，通过协商、谈判等机制有效解决合同施行过程中可能遇到的问题，保证基金会与政府合作伙伴关系的确立，真正实现基金会与政府或合同双方的深度合作。所以契约型基金会能够成为协同政府社会治理的规范关系模式。

第二节　基金会协同社会治理结构特征

一、垄断控制与授权型基金会协同社会治理结构特点

（一）治理主体呈现多元化但非政府主体缺乏自主性

垄断控制与授权型基金会皆有官方背景，其日常运作嵌入政府行政运行系统之中，所以在协同治理主体方面政府会组织相关部门、系统内部基金会以及联系的市场主体或者公民个体共同展开社会治理，主体多元。但是由于在这种多元主体之间，政府具有绝对的话语权，其他主体皆受政府支配，所以非政府主体在协同治理过程中没有自主性。

例如在 2008 年汶川地震救灾过程中，国字号的基金会受政府指令展开捐助活动，捐赠者善款去向需要政府指令，接收单位也需要政府指令。

政府"有关部门"既决定基金会的运作，又决定市场主体的行为，虽然协同治理的主体实现了多元化，但是本质上仍然由政府说了算，其他主体没有自主性。原因主要在于垄断控制与授权型基金会本身并不拥有自治、自主与契约性，首先该类基金会依附政府相关部门或行政性社会团体，在自己的业务范围内通过政府规定而具有垄断性，同时这类基金会受到政府的严格控制，其理事会附属于相关政府机构并不具有决策权，基金会的运作需要政府指令及授权，否则不具有展开行动的合法性。

再例如转型之前的中国扶贫基金会，其成立于 1989 年 3 月，原名中国贫困地区发展基金会，次年更改名称并延续至今。鉴于政府自身的财政压力，海外一些慈善机构和企业表示愿意捐款支持中国扶贫事业。按照国际惯例，捐款要交给慈善机构或基金会运作，中国扶贫基金会应运而生。洪大用教授曾在《NGO 扶贫行为研究》调查报告的案例部分中，对当时的情形做了如下描述：首先，机构本身具有国家编制。其次，机构在目标定位上似乎要对所有贫困地区和贫困人口负责，要对贫困地区的经济和社会发展负责；在行为方式上，机构有点像国家机关，接受项目申报并审批、拨款，由地方政府实施和管理项目。[①]

（二）治理权威呈现单一化即政府行政权力产生权威

垄断控制与授权型基金会协同政府社会治理的权威只能来源于政府公权力。首先，治理主体中非政府主体由于处于受支配的地位而丧失权威。其次，政府在吸纳垄断控制与授权型基金会以及相关市场主体及公民个体时，因拥有掌握和分配的资源而自然具有权威。最后，社会转型期的政府权威需要加强以保证改革发展的顺利进行。

"转型社会实际上是一个传统型政治权威逐渐消失、民主型政治权威

[①] 灵子：《一个官办基金会的转身》，《南风窗》2010 年第 23 期。

逐渐形成的过程。在这一过程中容易出现政治权威弱化的现象。但转型社会的特殊性又要求转型社会中必须形成强有力的政治权威。这一点对后发型国家来说更为重要。因为后发型国家的一个显著特征是实现现代化的赶超性，这就要求具有强有力的政治权威来发挥其导向和组织功能，而且面对社会转型过程中大量的社会矛盾和利益冲突，也需要通过强有力的政治权威来予以协调，以保持社会的稳定和秩序。要强化转型社会中政治权威的社会基础，从而形成引导和组织社会转型的权威资源，需要从两个方面努力：一是加快在社会转型中的体制转轨过程。还要推进政治体制的改革步伐，重点是尽快建立社会力量与政治体系的制度化联系机制，将各种社会力量吸纳到政治体系中来。二是政治管理主体应不断加强自身建设，努力改善自身形象，以良好的自身形象赢得人民的认可和支持。"①

基金会协同政府治理本身就是政府转变职能的结果，通过多方参与治理，政府积极转变自身形象，将政府权力做一种分割，将属于社会主体运作的事务交由社会处理，但是政府需要同时强化自身权威，垄断控制与授权型基金会既能够体现社会力量的参与，同时又能够保证政府权威的集中，在治理过程中基金会与政府的高度契合决定了政府的低权威成本。

（三）治理协作与协调依靠政府行政指令

垄断控制与授权型基金会在协同治理主体和权威方面表现出来的特点决定其在协同治理过程中，各个治理子系统间的协作与协调必须出自政府行政指令。第一，政府是协同治理主体中起决定性作用的一方。政府掌握全部的行政资源，大部分市场主体或者说有分量的企业大都来自国有企业或者国有控股企业，社会资源也掌握在政府手中。基金会只能通过政府协调展开与不同系统之间的协作。第二，政府在协同治理系统中具有绝对权威。只有通过政府的协调，才能保证政府各部门、基金会、企业与个人之间的实质性协作。这种绝对权威的优势在于能够集中力量办大事，但是缺

---

① 王宗礼、龙山：《论政治权威的社会基础》，《甘肃社会科学》1999 年第 5 期。

陷也是明显的：协同治理系统之间的关系随着政府核心领导人的变化而变化。第三，垄断控制与授权型基金会本身是政府的"社会延伸"。由于与政府关系的特殊性，此类基金会在协同治理过程中必然与政府利益高度契合，政府出面协调项目的运行促使各子系统的协作是基金会的首选。

（四）治理动态随着政府职能转变而变化

垄断控制与授权型基金会协同治理面临很多内外变化，这些变化本质上说源于政府职能转变，会引起协同治理子系统之间关系的动态改变并产生一系列相应的影响。

第一，基金会自身的变化是其挂靠单位性质的逐步改变，以及基金会与挂靠单位的逐渐脱离，这是基金会改革的方向。垄断控制与授权型基金会的挂靠单位大多属于事业单位性质的社会团体，这些社会团体目前仍然属于行政系统，未来可能向实质性社会团体转型。另外基金会改革的目标之一即取消挂靠单位。这些转变改变了基金会与政府关系的类型，必然影响其协同治理系统间的关系。第二，基金会内部治理结构的优化会影响其与政府关系。随着基金会组织机构的规范化，基金会的自治性、自主性与契约性相应地也会得到强化。基金会在业务范围内也可能失去垄断性，加之与政府之间控制和授权关系的弱化，基金会本身会转变与政府的关系类型。基金会内部的变化是政府职能转变的结果，为的是解决政社不分的问题。第三，政府行政体制改革与市场化改革的进一步推进也会改变协同治理系统间的关系。对于政府而言，社会治理体制决定了治理主体多元并平等协作，这是转变政府职能的目标。对于市场而言，充分的市场竞争与公平合理的环境既使得财力雄厚的企业能够更多地参与社会治理，又保证了社会组织运作的契约性。对于垄断控制与授权型基金会协同治理系统而言，政府的改变起了关键作用。基金会与政府关系类型首先得到改变，治理主体关系、权威分布以及协调协作均会产生不同的变化。当然在基金会与政府关系谱系中这种变化也会有程度之分，这也是以动态关系类型为线索分析不同类型基金会协同治理结构特点的原因。

（五）治理领域主要涉及弱势群体的帮扶

垄断控制与授权型基金会本质上是政府的重要下设组织，其业务范围一般会紧紧围绕挂靠单位的管理内容。从全国层面来看，根据基金会中心网的排名资料，按照 2018 年度净资产数额排序前 10 名公募基金会，[1] 分别是上海市慈善基金会、中国妇女发展基金会、中华少年儿童慈善救助基金会、中国儿童少年基金会、中国光华科技基金会、中国扶贫基金会、中国社会福利基金会、中国红十字基金会、中国华侨公益基金会、中华社会救助基金会。其透明指数平均得分为 93.5 分，媒体热度平均得分为 99.08 分，平均捐赠收入达到 5 亿元以上，所涉及儿童、扶贫助困、国际事务、青少年、文化、卫生保健等领域。

重庆市公募基金会的业务范围同样符合这种特点，教育基金会的数量相对较多。如前所述，基金会业务范围主要在公共服务领域，在该领域中划分出治理领域、社会建设、弱势群体帮扶以及公共安全四类次领域。治理领域主要包括政府社会管理、社会组织以及居民自治；社会建设主要是社会组织的培育与发展；弱势群体帮扶主要包括困难群体诉求、心理疏导、矛盾解决以及社会保障；公共安全领域涉及三个产业的安全生产、食品药品安全、环境保护以及社会稳定等方面。垄断控制与授权型基金会协同治理的领域主要是弱势群体帮扶，表明此类基金会社会参与程度仍然停留在公益慈善层次，需要进一步深入基层治理、公共政策倡导、立法层次。垄断控制与授权型基金会参与程度相对较高，此类基金会尚且如此，其他类型基金会的社会参与水平就更低，这也深刻影响基金会协同政府社会治理的广度和深度，影响协同治理的质量和水平。需要协同治理子系统之间进一步协调配合，政府进一步深化社会体制改革。

二、自治自主与契约型基金会协同社会治理结构特点

在基金会与政府关系的理想类型中，自治自主与契约型基金会在我国

---

① 数据来源于第十五届（2018）中国慈善榜。

现实社会中很难找到相应的案例。在基金会与政府利益契合关系谱系中，这种类型的基金会是与垄断控制与授权型基金会相对的一极，作为一种参照系，自治自主与契约型基金会当然不是我国社会组织体制改革的现实方向。所以，从众多非政府组织中寻找此类基金会（或自治自主与契约型的非政府组织）并做协同治理结构分析是现实可行的方法，一是能够模拟此类基金会协同治理的结构特点，二是能找出可能存在的一些矛盾和问题。此类社会组织具体包括：（1）行动援助（中国）。2003年，行动援助在贵州雷山县和当地政府及妇联合作开始了一个新的农村社区发展项目①。行动援助（中国）是行动援助国际组织在华开展的一项社区发展项目。（2）绿色流域。云南省大众流域管理研究及推广中心（绿色流域）成立于2002年8月，在云南省民政厅注册为省级科技类民办非企业单位，主管部门是云南省科技厅②。（3）贵州志愿者救援行动小组。该小组由贵州高地发展研究所、贵州绿家园、阳光志愿者之家、意气风发俱乐部、意气风发红十字会、向日葵助学会、贵州民间助学会、贵州人公益行动网络等八家NGO组成③。（4）广州志愿者。单纯以志愿者名义开展活动。

在以上四个"社会组织"中，"绿色流域"是民办非企业性质的社会组织并单独开展活动，其他三个分别属于项目、联合小组以及公民小组性质的临时组织。它们都是远离政府的民间组织，表现出自治性、自主性以及契约性。以下通过此四个社会组织参与社会治理的案例，分析它们协同政府社会治理的结构特点。

（一）治理主体呈现单一化源于政府的信任缺失

纵观案例发现，在社会组织参与应对气候灾害问题的过程中，始终是

① 《中国发展简报：国际行动援助》，中国发展简报网站，见 http：//www. chinadevelopmentbrief. org. cn/ngo_ infoview. php？id=30。

② 云南省大众流域管理研究及推广中心（绿色流域）网站，见 http：//www. greenwatershed. org/。

③ 《中国发展简报：2008年中国志愿服务盘点》，中国发展简报网站，见 http：//www. chinadevelopmentbrief. org. cn/qikanarticleview. php？id=982。

社会组织单独行动，没有地方政府的参与，也缺少地方市场主体的参与，在治理主体方面表现出单一性。这种自下而上的行动策略优势在于能够在灾害面前发现居民的真正需求，能够按照地方的实际开展援助，缺点在于行动的"草根性"缺乏其他主体的支持配合，既不能做到上通下达，也不能将自身的优势转变为推动宏观层面决策的动力。主要的原因在于地方政府对该类组织的信任缺失，虽然它们均为在民政系统注册的合法组织，或国际组织在华的合法项目，但是当在地方开展活动时，它们并没有与地方政府建立起一种相互信任的关系，特别是在非制度层面的信任关系。以致社会组织缺乏与政府联络的积极性，政府则在社会组织合法活动的前提下持不干涉的态度。特殊情况下政府可能会阻碍社会组织活动的开展，这是缺乏信任的表现，导致社会组织行动的单一性，甚至是孤军奋战。

（二）治理权威自下而上形成于社会组织的运作

社会组织在基层开展活动的前提是调查研究工作，通过调查研究能够摸清地方的需求，同时能够在地方建立组织权威，在一定程度上调动地方居民的积极性，获得基层自治组织的协调与配合，从而建立地方信任。由于在参与社会治理过程中社会组织是单独行动，所以其治理权威是一种从无到有的过程，但是在行动中也存在一定的权威风险，需要社会组织不断地监督和反馈。建立权威的策略一方面依靠组织的援助行动本身，另一方面依靠大量的信息传播，组织需要地方居民了解自身并做出反应。在此过程中，政府主体由于持不干涉态度，处于准缺失状态，但是如果社会组织确立的权威被政府认为威胁到社会治理的格局，必然会干预组织行动，确立政府的权威。而其他主体可能会干扰社会组织权威的确立，因为这些主体可能从中渔利。另一种情况下，其他主体的行动可能在客观上对社会组织权威造成威胁。所以，自治自主与契约型社会组织在协同治理的权威方面呈现的是一种自下而上的确立过程，在此过程中社会组织会面临诸多风险与挑战，影响治理的行动与效果。

（三）治理协作与协调滞后需要主动寻求政府干预

自治自主与契约型社会组织参与社会治理的主体单一决定了治理协作与协调的滞后。虽然这些组织声称其行动弥补了政府救援的不足，强调救援的边缘地带与边缘需求，但是缺乏多方协作与协调的治理本质上并非治理，其效果也只能停留在慈善福利领域，无法深入基层治理、公共政策倡导甚至立法层面。这种自下而上的行动目标被隔断，就失去了治理的要义。如果从灾害救援整体考虑，社会组织的行动与政府组织的救援形成一种默契的协作，但是这种协作只是客观形成的一种局面，缺乏行动主体的主动性。这种结果一方面源于体制机制层面的政策障碍，社会组织往往没有权利参与治理，或者只能变相参与治理；另一方面源于治理协作与协调的滞后，政府缺少对社会组织的足够认识，缺乏吸纳社会组织参与治理的积极性。为此，一些社会组织或公民在协同治理中主动寻求政府支持，甚至干预，目的在于能够获得政府的行动许可，加入治理协作，获得充分的治理协调。

（四）治理动态随着社会组织对政府的依附而改变

自治自主与契约型社会组织对政府的依附促使其参与社会治理的动态改变。第一，政府会发现此类社会组织的优势，并支持它们在更大范围内进行创新扩散。客观上随着政府态度的转变，社会组织被积极地吸纳进社会治理的正式系统内，不再是单独行动，为进一步确立社会组织与政府关系奠定信任基础。第二，社会组织对政府的依附并非其目的，而是进一步开展活动的手段。依附的前提条件是社会组织通过单独行动在其业务范围内开创出一定的局面，如果要在更高层次和水平上实现社会组织的协同治理则需要主动寻求政府支持。第三，随着此类社会组织对政府的依附，组织本身与政府关系类型也会改变，自治自主与契约型社会组织则会向契约型或依附型改变，协同政府社会治理的程度也会更深。需要进一步指出，社会组织对政府的依附是向政府主动寻求支持，并非寻求政府权力资源。那么社会组织与政府关系类型会转向契约型或依附型，关键看政府是否将其纳入行政运行体系之中。

（五）治理领域主要涉及弱势群体帮扶和环境保护

1994 年 3 月 31 日，"自然之友"成立，这标志着中国第一个民间环保团体诞生了。之后，一股草根力量在环保领域开始生长。1996 年前后，"北京地球村""绿家园"先后成立，与"自然之友"一并成为中国环境 NGO 的领军者。2001 年 11 月在京召开的中美民间环境组织合作论坛发布消息：中国环境 NGO 已超过 2000 个，参与者数百万人。民间环保组织的地域范围也逐渐从北京扩展到其他省市，如四川省的绿色骆驼、云南省的大众流域、湖北省的绿色江汉、浙江省的蓝色保护志愿者等。中国的草根 NGO 发轫于环保领域，在某种程度上缘于这一领域的纯公益性、非政治敏感性，以及与政府理念基本一致。之后伴随着自由活动空间的扩大和公民社会的发育，草根组织的活动范围逐渐开拓到环保之外，足迹遍及艾滋病防治、妇女保护、打工维权、社区服务等领域，扶助弱势群体，提供公共服务。据不完全统计，中国大陆目前有近 100 家草根 NGO 的活动涉及艾滋病防治领域，在儿童救助、感染者互助、心理治疗、同性恋关怀等多方面提供支持；在残疾人服务领域，北京星星雨、慧灵、丰台利智等民办机构为残障者提供了不同层次的专门化服务，有效弥补了市场和政府的不足；在劳工服务领域，广州"番禺打工族服务部"、北京"打工青年艺术团"等成绩显著，成为进城务工人员的心灵家园；2004 年新的《基金会管理条例》颁布之后，"香江社会救助基金会""北京光华慈善基金会"等若干非公募基金会的出现更表明草根组织的扩张趋势。尽管这些基金会组织资金规模雄厚，表面上看来与其他草根组织似乎有显著区别，但基于其民间性、自发性和自治化的特征，我们认为它们依然应该作为草根组织的一类形式。而这类组织的出现更体现出草根 NGO 的多元化发展路径，逐渐从基层的、社区的服务性组织上升为地区性、支持性组织。[1]

---

[1] 徐宇珊：《中国草根组织发展的几大趋势》，《学会》2008 年第 1 期。

三、依附型基金会协同社会治理结构特点

在基金会与政府利益契合关系谱系中，主要是基金会对政府的依附，表现一种接近政府的状态，依靠政府获得权力、资本以及政策行动方面的合法性。依附理论主要针对国家与国家之间、国家与地区之间、国家与世界经济体系之间的关系①，它们之间如何以依附为最重要的特点，发达经济体从欠发达经济体中获取资源，后者获得一定的发展。换言之，这种依附主要是一方对另一方在权力、资本及政策行动方面合法性的依附，依附的一方依靠被依附的一方得以发展。将这种理论逻辑植入基金会与政府之间的关系中，会发现我国基金会如果要发展必须依靠政府的支持，政府支持基金会就能在基金会运作过程中为其提供无形的权力资源、不同形式的资本、行动的合法性等，从而使得基金会能够获得发展并融入社会体制之中，才能谈得上协同政府社会治理。目前我国大部分基金会属于依附型基金会，此类基金会协同治理的结构表现出以下特点：

（一）治理主体呈现多元化且具有一定程度上的自主性

依附型基金会协同治理的主体多元，包括政府部门、市场主体、公民以及社会主体。这种局面主要源于政府对基金会的一系列支持，包括为基金会提供制度化的参与机会，在政府社会治理过程中将多种主体纳入治理系统中，为基金会提供一定程度的政治、经济以及社会资本，有利于基金会在协同治理中发挥作用，为基金会赋权保证基金会在行政体系中展开良性互动。所以基金会在参与中能够不断积累自己的权力资源、各类资本以及合法性，促进自身的建设与发展。治理主体在一定程度上的自主性，意味着基金会等非政府主体在政策允许范围内参与治理，在政府提供的参与机会中有自主性，这是一种有条件有时限的自主性。

---

① 张敦福：《依附理论的发展历程和新进展》，《山东师大学报（社会科学版）》2000年第1期。

例如重庆某教育基金会，是在县庆的政治背景下以县域以外同乡情谊为基础成立的依附型基金会。在地方政府的支持下，该基金会致力于地方教育事业，以多种形式资助地方教育，并获得政府及地方社会的一致好评。所以在教育领域该基金会获得参与治理的机会，通过私募资金，联络地方市场主体，依靠教育行政部门构建一种多元主体的治理系统。在自主性方面，基金会等其他非政府主体只是在地方教育项目中拥有自主性，前提是地方政府及教育部门的支持，后者一般不干预基金会的具体决策。该基金会成立几十年来，依靠地方政府的支持，基金会获得自身的发展，同时能够有效参与地方教育治理，不仅提供资金资助，而且在教育教学改革方面提供很多先进的经验和良好的社会效益。但是，依附型基金会的问题恰恰出在依附之上，随着地方经济社会的发展和政府部门负责人的更迭，这种依附关系也随之摇摆。在积累各种资源、资本以及社会效益方面，基金会最关注与政府相关的内容，如果这些资源能够延续就能带动依附关系不断向前，一旦依附关系出现断裂，就会影响基金会的处境。这样，基金会就会失去参与治理的机会以及在业务范围内的自主性。

（二）治理权威呈现多元化源于政府支持的保证

治理权威随着主体的不同而出现多元化的基础，政府的权威来自政府拥有的行政权力资源，基金会等社会组织的权威来自其对地方社会的嵌入，市场主体的权威一方面需要经济实力作为基础，另一方面需要企业品牌文化的塑造和积累。依附型基金会协同治理的权威呈现多元化，主要是因为治理主体呈现出多样性。但是，如同治理主体的自主性需要政府的支持及肯定，治理权威的基础关键也要依靠政府的支持。在政府的支持下，基金会才能嵌入地方社会并获得社会肯定从而取得业务范围内的权威，市场主体才能将自身的经济实力转变为良好的社会现象并获得品牌的塑造。同时政府通过治理权威的让渡，能够改善社会治理的效果，发挥社会力量，符合政府职能转变的改革方向，有利于构建和谐的社会体制机制，增进社会活力，营造良好的经济社会发展的制度环境。

如前所提到的重庆市某教育基金会，在几十年的运作中积累下很多资源、项目品牌以及广泛的社会效益，拥有在地方社会的权威。基金会创办的基金会班在地方学校中已经成为品牌并吸引众多学生就读，既资助了地方教育事业，又获得社会各方的认可，可以说在地方教育领域获得了一定的权威。这种权威首先建立在基金会进行项目运作时的创新上，然后通过地方社会的认可从而获得一定的社会信任基础，自下而上地得到教育行政部门的肯定。这是一种权威的良性循环，在基金会班的品牌感召下，有的企业也开始创办品牌班，实现了地方教育治理的多元化权威系统，政府在整个过程中支持基金会和企业的行动并认可他们的权威，让渡了一部分行政权力基础上的绝对权威。但是，值得注意的是，正是由于政府在其中起到的关键支撑作用，所以当政府不再认可其他非政府主体权威时，这种多元治理系统就会面临风险。地方学校的冠名问题就突出反映了这种情况发生的可能性，以冠名学校为条件的基金会资助和企业资助往往不能获得政府的最终认可。

（三）治理协作与协调依靠政府行政指令

依附型基金会协同治理的主体和权威特点反映出政府在其中发挥的决定性作用，在治理协作与协调方面，依附型基金会等非政府主体仍然需要政府行政指令。因为政府掌握着绝大部分的社会资源，基金会等非政府主体需要政府及其部门配合才能解决运作过程中的一系列问题，同时政府拥有绝对的权威，治理协作关系的建立同样需要政府出面组织。相对地，由于路径依赖政府往往习惯全面管理各项社会事务及潜在的社会不稳定因素带来的问题预期，加之政府也通过协同治理从非政府主体方获得一定的资源，造成行政指令下的治理协作与协调的局面，这需要政府加快职能转变。

（四）治理动态随着政府职能转变而改变

当前我国行政体制改革的重点是转变政府职能，随着政府职能的转变，依附型基金会协同治理的动态也随之改变。依附型基金会与政府的关系将朝向契约型转变，基金会不再通过接近政府去获得权力资源、各种资本以及政策合法性，而是通过政府购买服务的方式制度性地参与到社会治理之中。社会组织之间形成没有垄断的良性竞争机制，市场主体也能够通过社会选择机制参与基金会的运作，它们与政府之间的利益契合关系主要依靠契约实现。就基金会与政府利益契合关系谱系而言，契约型基金会是目前我国基金会改革的现实方向，也是政府职能转变与社会体制改革的重要依托。

（五）治理领域主要涉及公共服务全领域

目前我国基金会多数属于依附型基金会，基金会业务范围覆盖公共服务各个领域。未来基金会改革的方向是从运作型基金会向资助型基金会转变，资助型基金会不再强调基金会业务范围，而是通过资助专业社会组织去间接提供公共服务。"除了筹款和资助以外，基金会并没有其他专业服务特长。所以，无论是作为公共筹款机构的公募基金会，还是作为钱库的非公募基金会，都应当向资助型基金会转变，成为各种专业服务型非营利机构的资源供给者，并与之形成明确的分工协作关系，相互支持、相互监督。具体做法是：在外部制约和内部治理的基础上，借鉴国际普遍的边界划分和条件验证经验，根据国际性、地方性、社区性将慈善机构分层，做到各就其位，减少无序竞争；把慈善筹款机构和慈善执行机构按职能划分，做到各司其职、相互监督、相互制约，促进慈善运作的公开、透明、廉洁和效率，从而从整体上提高基金会的公信力和非营利服务的专业化水平。"①

四、契约型基金会协同社会治理结构特点

（一）治理主体呈现单一化源于政府购买服务制度的不完善

契约型基金会协同治理的主体本应是多元化的，由于我国政府购买服

---

① 葛道顺：《我国基金会发展的定位和政策》，《学习与实践》2009 年第 4 期。

务制度不完善，政府购买服务以后缺乏社会组织以外的主体参与。

首先是政府主体的缺失，集中表现在政府财政支持的乏力。"政府和社会的错觉，即认为社会组织运转所需资源大多是靠自己筹集这一思想妨碍了制度化购买服务的财政支出。这种思想本身是错误的，即便在西方国家，社会组织运作所需的资源大多也是政府让渡出来的，靠的是一种制度性安排。国际上，政府购买服务是社会组织的重要资金来源之一，平均占社会组织总收入的40%以上。只有这样，社会组织对社会开展的工作才有可能持续。很多地方政府认为，不能开展政府购买服务或政府购买服务没有专项财政资金支出是由于当地经济发展水平较低导致的。不可否认，地方经济发展水平直接影响到地方财政资金总量，但一个政府是否为民本政府，关键要看其财政支出结构是否合理，而不在于总量的多少。思想转型与财政支出结构改变才是问题的关键，而这些问题的解决直接与政府放权有关。"①

其次是政府基层派出机构参与不当，阻碍社会组织与政府契约的执行，影响治理主体的构成及其关系。当基层派出机构以政府自居全面干预社会组织运作时，协同治理的主体就会发生转变，同时治理主体仍然呈现单一性。当基层政府派出机构放任社会组织时，协同治理的主体就是单一的草根社会组织。"政府购买服务的契约关系，形式上是社会管理体制改革的一个表现，但实质上却折射出基层政权的运作逻辑。政策的初衷是推动改善普通民众的社会福利。但是，政策实施能实现决策者的意图吗？政府购买服务的最终结果可能有两个极端。一个极端是服务完全走向形式化，以服务对象为中心的社会服务很有可能演变为以领导意志为中心的形象工程，最终行政化挟持了一切。另一个极端是社会服务草根化，这些服务立足于居民的需求，通过各种正式或非正式手段获得服务资源。事实上，只要社会服务机构能够提供适合服务对象需求的服务，它们就有很强

---

① 许小玲：《政府购买服务：现状、问题与前景——基于内地社会组织的实证研究》，《思想战线》2012年第2期。

的存在可能性。较多的服务项目处于行政化和草根化之间，处于不断变化之中。那么，如何减少这种不确定性？我们可以从合同不同主体之间的权力制衡关系出发，加强合同管理，以此来确保服务项目的服务素质。"①

（二）治理权威缺乏源于基金会或社会组织自身建设的不足

基金会协同治理的权威源于其嵌入社会的程度及其运作的社会效益，契约型基金会协同治理权威的缺乏主要源于基金会或社会组织自身建设的不足，以致没有嵌入社会之中，没有产生预期的社会效益，其他各主体均不满意。"政府购买服务主要是欧美国家在滞涨和福利国家危机压力下，基于提高服务绩效目标而发展起来的。非营利组织、企业等外部主体利用市场竞争机制获得政府购买服务合同，代理政府提供公共服务，既满足了绩效目标要求，又积极回应了公众的服务需求。政府购买服务绩效目标的实现，需要满足两方面的条件，即存在竞争性市场、承接政府购买服务的外部主体具有服务提供能力。实践中，欧美国家社区层面的政府购买服务，往往不能满足上述两方面条件，一是在辖区内并不存在多家服务提供的竞争者；二是一些非营利组织在资金上高度依赖政府财政拨款，人员上高度依赖志愿者，导致服务提供能力不足。国内政府购买服务兴起的背景尽管不同于欧美国家，但是提高财政资金使用效率、增强服务绩效，满足公众的社会服务需求是其重要目标。因此，培育民办社工机构，承接政府社会工作购买服务，组织服务绩效提高是关键。"②

（三）治理协作与协调滞后需要社会组织主动寻求各方支持

契约型基金会协同治理协作与协调滞后，源于社会组织支持体制的缺失。

---

① 顾江霞：《政府购买服务契约的权力运作逻辑——基于珠三角 B 市购买社会服务的研究》，《广东工业大学学报（社会科学版）》2013 年第 4 期。
② 邵青：《民办社工机构承接政府购买服务：实践、困境与创新》，《求实》2012 年第 4 期。

"支持体制是国家关于社会组织培育发展、扶植推动、优惠补贴等各种支持性政策和制度的总和，包括社会组织的培育发展制度、优先参与购买服务等扶植推动制度、优惠税收制度等。现代社会组织支持体制实质上体现的是国家与社会关系的另一个基本侧面，是行使公权力并动用公共资源培育社会力量、加强社会建设、推动社会组织健康发展的一种国家制度。在现代社会中，各种形式的社会组织承担着大量公共服务、社会管理等公共事务，还有许多社会组织虽然不直接承担公共事务，但作为互益性或共益性组织参与社会治理，在公共领域中发挥着重要的作用。社会组织的非营利性使得其中的绝大多数得不到来自市场体系的资源，主要依靠慈善捐赠等社会资源。"①

"为了推动社会组织的发展，许多国家都建立了各种不同形式的社会组织支持体制，例如，在美国各级政府每年用于向社会组织购买服务的开支高达千亿美元，占社会组织运作资金的30%—40%，在德国和北欧一些国家，这一比例甚至高达60%—70%。英国在慈善法的框架下建立了以慈善委员会为核心的慈善组织支持体系，将支持慈善组织列入各级政府行政职能的范畴。在我国，政府改革和社会转型的巨大压力使得社会组织的发展远远满足不了现实需要，培育发展社会组织已成为各级政府面临的紧迫任务。总之构建现代社会组织支持体制是加强社会建设、创新社会管理的重要环节，只有在其支持体制不断得到完善的情况下才能持续地激发社会活力，开拓社会空间，充分发挥社会组织的正能量，从而推动和谐社会的建设。除了国家公权力以外，现代社会组织支持体制还包括其他社会力量对社会组织的支持，这些力量也会与社会组织之间形成各种关系，例如公民的志愿服务、企业和大型基金会的捐助与资助、社会力量创办的社会组织培育孵化平台等，它们对社会组织的支持也需要纳入到法治化的轨道之中，以使社会组织的支持体制能够规

---

① 王名、张严冰、马建银：《谈谈加快形成现代社会组织体制问题》，《社会》2013年第3期。

范而健康运作。"①

（四）治理动态随着社会体制改革而改变

我国社会体制改革的路径包括，"其一，政社分开基础上的政府与社会组织的分工与合作，是社会主义市场经济与和谐社会建设所需要的新社会体制的内核。其二，在明确政府的社会责任和管理职能的基础上，围绕政社分开的核心原则，真正实现政府社会职能的转变。包括社会管理与社会服务在内的社会治理，无疑是现代政府的当然责任。其三，制定积极的社会政策和公共财政政策，大力推动第三部门范围内的非营利组织（NPO）的发展。这里，既包括促使官办非营利社会组织（NGO 性质的 NPO）的转型，使之成为自我决策、自我管理、自我成长的社会组织，更应发育非官办的非营利社会机构（NGO 性质的 NPO）"②。政社分开是社会体制改革的核心，随着政府职能转变，基金会或社会组织与政府利益契合关系最重要的特点是契约性，这种契约是建立在政府购买服务的基础上。政府职能主要包括提供公共服务和监管社会与市场主体的行为，提供公共服务则主要依靠政府购买服务制度。社会组织协同政府社会治理的变化一方面表现在社会组织与政府利益契合关系方面，具有契约性；另一方面表现在社会组织自身发展方面，体现社会组织的规范。在治理系统之间的关系方面，治理主体主要通过契约进行协作与协调，通过社会选择机制、市场竞争机制、政府监管机制实现协同治理。

（五）治理领域主要涉及公共服务全领域

如上所述，政府让渡公共权力，通过政府购买服务制度提供公共服务产品并对契约伙伴进行监管，构成现代政府职能的两个方面。契约型基金会或社会组织一方面可以承接政府购买服务，另一方面可以获得政府财政

---

① 王名、张严冰、马建银：《谈谈加快形成现代社会组织体制问题》，《社会》2013 年第 3 期。

② 徐永祥：《社会体制改革与和谐社会建构》，《学习与探索》2005 年第 6 期。

资金，在此基础上社会组织协同治理的领域会不断深化，从传统慈善到基层治理，从公共政策倡导到影响立法活动。这是我国社会组织体制机制改革的方向，为此需要社会体制的进一步完善与发展，需要政府行政体制改革的配套，需要成熟的市场经济制度作为支撑。

　　"虽然社会组织可以作为一种解决政府失灵和市场失灵的组织形式而出现，但正因为如此也决定了社会组织一开始的定位就比较模糊，即如何在政府与市场之间进行合理的定位。目前，我国的社会组织还不能进行合理定位，这就使得社会组织无法找寻到适合自身发挥的空间，严重影响了其作用的发挥。因此，通过尝试性地发展多种形式的社会组织，形成党委领导下社会协同的多元生态是发挥社会自组织社会管理职能的有力举措。目前在重庆巫溪、辽宁鞍山等许多地方，基层党政部门在推进社会管理创新的实践中注意发展多种形式的社会组织，包括农村的村民互助会、村民维稳协会、拆迁矛盾调处协会、积案化解协会，以及城市社区的秧歌队、书法会、环保队、垃圾分类协会、流动人口读书会、菜农工会、保洁员工会、城管促进会等等。重庆巫溪党委政府通过扶植村民自主组织乐和协会、引进专业从事乡村社会服务的公益机构，组成了由村支两委、乐和协会和公益组织三方组成的乡建联席会，形成了村级治理的互补共生的包容性模式，即村支两委领导、乐和协会协同、公益机构助推，各方相互借力亦互相监督，和而不同，扩大了党的执政基础。"①

---

　　① 王名、丁晶晶：《社会组织参与社会管理创新的基本经验》，《中国行政管理》2013年第 4 期。

第六章　互治之助：基金会协同社会治理结构案例分析

——以重庆市为例

居庙堂之高还是处江湖之远，是每个基金会都要面临的问题。在"人人享有"的社会治理共同体中，基金会协同社会治理秉承人人参与、人人受益的价值取向，民生福祉是一切工作的出发点和落脚点。基金会注册成立的资质与流程、吸纳和管理捐赠资金的过程，以及最终的资助行为都需要遵循《基金会管理条例》《慈善法》等相关法律法规的要求。从搭建"多元主体参与"社区公共事务的中介平台，到拓宽公共服务的资源渠道，以基金会为中心的公共服务从项目设计、生产、供给到实施模式都坚持以民生优先为导向。在治理结构中有政府代表的参与，保障社区基金会的行动方向与政府政策方针的一致性，共同促成以基金会为中心的新型公共服务供给格局呈现，深度发展政府与社会组织合作治理关系，丰富拓展治理方式，建构基层社会治理共同体，充分彰显社会主义国家治理效能。

重庆市集大城市、大农村、大库区、大山区和民族地区于一体，城乡二元结构矛盾突出，老工业基地改造振兴任务繁重，统筹城乡发展任重道远。近年来重庆公益慈善组织的力量逐渐增大。重庆市扶贫基金会、重庆市红十字基金会、重庆市残疾人福利基金会、重庆市妇女儿童基金会、重庆市慈善总会等慈善组织，在经济、政治、文化、社会、生态等各领域发挥着积极作用，正在成为重庆社会建设特别是慈善事业发展的一支生力军。本章从基金会协同治理结构的层面分析，选取重庆市内具有典型意义的基金会作为案例分析，旨在从主位角度看待基金会面对的现实，从客位立场看待各个基金会与其他社会主体在社会治理协同过程中的关系。结构分析的主线核心是基金会协同治理的主体、权威、协作协调、动态变化等。我们也从这条主线出发提出各个基金会面临的一些问题，分析原因并提出对策。

当然，案例分析过程中难免会出现瑕疵，激励着我们持续深入地开展基金会研究，带着人类学田野工作的方法详细刻画基金会运作过程中的点点滴滴，洞察社会生活的现实，总结研究成果，目的是为更好地创新基金会协同社会治理的方案。积极引导重庆市政府以培育社会组织、营造社会氛围和提供外部支持等多种方式，通过政策引领、基地孵化、资金支持、项目带动发展专业社会工作服务机构、慈善组织和志愿服务组织，构建政府与社会组织的合作伙伴型关系。开展社会公益、邻里互助、慈善募捐等系列活动，发挥基金会在推动社会治理中的积极价值。推进基层公共服务体系与创新能力现代化建设，持续推动公共资源配置更多地向民生领域倾斜，做好三峡库区移民和集中连片特困区脱贫攻坚工作。将重庆建设成为西部地区的重要增长极、长江上游地区的经济中心和统筹城乡发展的直辖市。

第一节　地方政府促办的基金会

一、背景分析

在基金会与政府利益契合关系方面，地方政府促办的基金会属于垄断控制与授权型基金会。该类基金会由地方政府财政出资，在地方辖区内以教育等公共服务领域为业务范围，以某一重点项目为制度性示范工程且具有垄断性，基金会运作与治理均受到地方政府及相关部门的管辖，同时在业务范围内得到政府授权。下面以重庆市××教育奖励扶助基金会为例进行分析。

2007年9月2日上午9点，重庆市××教育奖励扶助基金会全体理事在××县教育委员会小会议室召开了第一次理事会。会议由××县教育委员会主任科员××同志主持，大会审议通过了《重庆市××教育奖励扶助基金会章程》，选举产生了理事长、副理事长和秘书长，并对基金会的运作等相关工作进行了安排和情况通达。会议相关情况纪要如下：

会议认为：当前成立重庆市××教育奖励扶助基金会（以下简称"基金会"）十分重要，对于有效推进××县以名师、名校、名校长为主题的"三名"工程建设，切实奖励品学兼优的优秀学生、扶助家庭困难的贫困学生，促进××县教育又好又快发展，具有十分重要的现实意义和深远的历史意义。

会议充分讨论了《重庆市××教育奖励扶助基金会章程》（以下简称《章程》），一致认为，该《章程》内容翔实、完整，完全符合国家民政部的相关规定；原则性、规范性、操作性较强，有利于基金会工作的正常开展。

会议选举产生了理事长、副理事长、秘书长。

会议要求，全体理事要恪尽职守、任劳任怨，为基金会的发展出谋划策；全体理事要广泛动员、积极募捐，不断吸收和接纳社会友好人士或机关、企事业单位对基金会的捐赠；全体理事要认真执行基金会的决议，努力维护本基金会的合法权益，全力完成基金会交办的工作，并定期向基金会反映情况，提供相关资料。

会议还通过了基金会的监事成员。他们分别是县财政局副局长××、县教委副主任××、县教委纪工委书记××。[1]

上述会议纪要表明，第一，该基金会的核心任务是该县"三名"工程建设。从协同治理的角度看，该基金会具有明确的定位，与社会各界共

---

[1]　《重庆市××教育奖励扶助基金会第一次理事会会议纪要》2007年9月2日。

同接受地方政府交办的治理任务。第二，该基金会嵌入县政府行政运行系统之中。从基金会治理的角度看，该基金会的理事、监事大多属于县教育系统的工作人员，有些属于领导干部。第三，该基金会获得本届地方政府的全力支持。基金会当选理事长代表理事会还在会上当众聘请××县委书记、县长、县人大常委会主任、县政协主席为重庆市××教育奖励扶助基金会顾问，聘请副县长为重庆市××教育奖励扶助基金会名誉理事长，并为他们颁发了聘书①。

二、服务领域

重庆市××教育奖励扶助基金会的业务范围主要是教育领域，近年来其主要开展了以下工作：一是争取县政府敦促财政为基金会足额预算并到位每年100万元的注入资金。二是通过县属新闻单位、媒体及基金会本身加大对基金会的宣传力度，扩大基金会的社会影响力。三是加大对优秀学生、贫困学生（特别是高中阶段的学生）的奖励扶助力度。四是形成制度化捐赠机制。为奖励优秀教师和优质学校、尊师重教先进单位和个人，基金会在教师节设立尊师重教捐款以及"慈善双日捐"项目，用于县慈善事业，奖励优秀教师和优质学校。五是制定与实施《重庆市××教育奖励扶助基金会管理办法》，审核基金的发放与使用。六是按照合法、安全有效的原则管理基金，实现基金的保值、增值。

表 6-1　基金会 2009 年开展公益项目情况表

	项目名称	项目本年度收入（万元）	项目本年度支出（万元）	执行年度	项目内容简述
1	慈善双日捐	501519.52	67835.9	2009—2015	用于县慈善事业；奖励优秀教师和优质学校

---

① 《重庆市××教育奖励扶助基金会第一届理事会会议纪要》2008 年 8 月 19 日。

	项目名称	项目本年度收入（万元）	项目本年度支出（万元）	执行年度	项目内容简述
2	教师节捐款	939973.00	782832.00	2009—2010	奖励优秀教师和优质学校、尊师重教先进单位和个人

资料来源：重庆市××教育奖励扶助基金会2008—2010年开展公益项目情况汇总表。

表6-2 基金会2010年开展公益项目情况表

	项目名称	项目本年度收入（万元）	项目本年度支出（万元）	执行年度	项目内容简述
1	尊师重教捐款	589500	—	2010—2011	奖励优秀教师和优质学校、尊师重教先进单位和个人
2	抗震救灾捐款	309734.40	309734.40	2010—2010	青海玉树"4.14"地震救灾捐款

资料来源：重庆市××教育奖励扶助基金会2008—2010年开展公益项目情况汇总表。

三、存在的问题

从基金会协同治理结构看，上述基金会存在的问题包括以下几个方面：

（一）该基金会在协同治理的主体方面，缺乏自主性

主要体现在基金会与县教委的关系不独立，县政府将基金会作为县域教育发展的一种职能部门。以致基金会治理呈现严重行政化趋向。县教委刊物《教育信息》刊文指出，通过各级党政部门、社会各界人士不断发扬成绩，加倍努力，以期把县捐资助教工作提高到一个新水平。

近日，重庆市××教育奖励扶助基金会在宏声贵宾楼隆重召开第

一届理事会会议，会议由县教育工委书记、县教委主任××同志主持，县四大家分管领导、县级有关部门负责人、为基金会捐赠 1 万元以上的个人或法人代表 60 余人参加了会议。会议首先听取并审议了《重庆市××教育奖励扶助基金会章程》，选举产生了第一届理事会理事长、副理事长、秘书长和理事，聘请了基金会顾问和名誉理事长。县委常委、县政府副县长××同志作了热情洋溢的讲话。他指出，建立教育奖励扶助基金会，积极倡导捐资助学，是据之以法，师出有名，并非随心所欲、随意而为。建立教育奖励扶助基金会，积极倡导捐资助学，乃战略之举、现实所需。他希望各级党政部门、社会各界人士不断发扬成绩，加倍努力，把××县的捐资助教工作提高到一个新水平。①

（二）治理权威来自地方政府，项目运作源于政府选择机制

治理协作与协调需要政府行政指令。主要表现在基金会募捐机制完全依靠政府教育行政部门，通过行政动员增加基金会的收入。基金会募捐被纳入县教委开展的教师节活动之中，"教育奖励扶助基金会向全社会发出捐资助学倡议，鼓励和动员各党政机关、企事业单位和个人本着自愿的原则捐资助学。各单位充分发扬兴教助学的优良传统，积极为教育事业慷慨解囊，支持教育发展。目前，已经接到各类捐赠 10 余万元，部分单位正在捐赠之中"②。

同样基金会募捐通过教育基建工作展开，"3 月 29 日，××县教育系统基建管理工作暨教育奖励扶助基金捐赠会在县教委顶楼会议室召开，县教委在家班子成员、县城乡建委和审计局相关负责人、全县拟建、在建及有

---

① ××县教委办公室：《重庆市××教育奖励扶助基金会隆重召开第一届理事会会议》，××县《教育信息》2008 年第 18 期。
② ××县教委办公室：《我县五大活动隆重庆祝第 25 个教师节》，××县《教育信息》2009 年第 18 期。

欠债工程的乡镇（街道）教管中心主任、项目学校校长、项目承建负责人及中介机构代表共计 150 余人参加会议。县教委副主任××主持会议。县教委党组书记、主任××出席会议并讲话。××主任指出，教育事业是一项社会化系统性永久工程，需要社会各界一如既往的关心支持、厚爱。××主任强调，抓好教育基础设施建设，着力改善办学条件，是提高教育教学质量和办学水平的重要前提，各施工单位和项目学校要本着讲政治、讲奉献、讲道德、讲爱心的原则，确保教育工程建设的质量和进度，为全县教育事业快速稳定发展作出积极的贡献。重庆市××教育奖励扶助基金会理事长××就教育奖励扶助基金会性质、工作开展情况向与会同志作了详细介绍，并发出向教育奖励扶助基金会捐款的倡议。以××县移民建筑公司、重庆××混凝土有限公司、重庆市××建筑工程有限公司等为代表的教育系统拟建、在建和有欠债项目工程的承建、中介机构单位和个人纷纷解囊，积极向重庆市××教育奖励扶助基金会捐款共计 55.3 万元"[①]。

（三）对政府垄断控制与授权的基金会捐赠可能给地方党政机关、企事业单位工作人员以及地方企业或参与地方建设的企业造成一定程度上的经济压力

政府行政指令对体制内工作人员来讲意味着一种强制力，特别是为基金会捐赠，一般而言自愿受制于行政压力及其产生的社会压力，对于相关企业来说也是如此，如上所述参与县教育基建的工程公司在教育行政部门的基建管理行为之下也难免承受一定的捐赠压力。这些问题源于政府行政权力通过政府选择机制来实施基金会的募捐与资助工作及项目运作，基金会缺乏自主性，也造成了基金会社会选择机制的萎缩，基金会开展活动的能力得不到有效提升。

---

① ××县教委办公室：《县教委召开基建管理工作暨教育奖励扶助基金捐赠会》，××县《教育信息》2010 年第 6 期。

四、原因分析

上述基金会面临的是潜在的发展风险的问题，主要源于基金会与政府的利益契合关系。这种地方政府促办的基金会是垄断控制与授权型基金会，本质上属于地方政府部门下设的机构，基金会的内部治理与活动开展均受到政府支配而缺乏自主性。这是政社不分的集中表现。不利于有效发挥社会组织的功能，不利于增强地方社会组织的活力与能力，不利于社会建设与治理。基金会协同治理过程中，治理主体围绕地方政府运转，非政府主体均缺乏自主性；治理权威来自政府权力；治理协作与协调也完全依靠政府及其部门。只要地方政府对于社会组织的认知不改变，地方政府职能不转变，这种利益契合关系以及协同治理关系就得不到改变。当然不能否认垄断控制与授权型基金会协同社会治理的效果，但是就基金会自身建设与发展来说并非没有风险。

五、对策分析

一是地方政府及其部门的负责人应该转变对基金会的认知。基金会作为社会组织，与政府、市场的关系需要进一步明确。正如党的十八届三中全会指出的，该政府管理的归口政府，该市场调节的需要政府逐步退出。政府与社会的关系同样如此。二是进一步规范基金会内部治理与项目运作。政府要重新认识基金会，相对地基金会也要以社会组织的姿态开展工作。理事会与监事（会）要充分发挥职责，尽快专职化。要突破基金会是退居二线人员发挥余热的单位这种落后认识，逐步实现职业化、专业化。三是基金会协同治理的关键机制是政府赋权。如上述案例所示，当前该基金会能够嵌入地方行政运行系统，协同治理参与、协作、协调均达到良好的社会效果，关键是地方政府对基金会的赋权。随着政府认知转变以及基金会规范化建设的推进，这种赋权需要延续。只有这样基金会才能协同政府治理，才能发挥社会组织的应有作用而不受政府影响。四是应该逐渐探索基金会社会选择机制。基金会募集资金需要日常化、规范化、社会化，不能完全依靠政府动员机制，更不能依靠政府向相关利益企业施加捐赠压力。这样才能够有效避免地方居民可能存在的经济压力风险。基金会资助同样需要社会选择机制，真正实现日常化、规范化及社会化。

第二节　民政系统自办的基金会

一、背景分析

重庆孤残儿童援助基金会成立于 2005 年 8 月，是一个专门从事孤残儿童救助的非营利性民间团体，业务主管部门为重庆市民政局，机构设在重庆市巴南区；重庆孤残儿童援助基金会致力于积极筹募资金和接收社会各项捐赠，为孤残儿童和弃婴的生活、学习、医疗、康复提供直接的救助，向福利院的孤残儿童提供相应的精神和物质帮助，促进孩子健康成长。[1]

该基金会属于民政系统自办的基金会，在基金会协同治理中与政府利益契合关系方面，该基金会属于垄断控制与授权型基金会。首先，从基金会主要负责人背景分析，基金会理事长与秘书长均来自重庆市儿童福利院。重庆市儿童福利院属重庆市民政局管理的事业单位。理事长、秘书长均为福利院副院长，其中一位理事为福利院院长。其次，从基金会开展的项目方面分析，该基金会理事会除研究基金会资金投资事项以外，其他项目运作均针对重庆市儿童福利院。虽然基金会目前开始尝试援助社区孤残儿童，但是绝大多数资金均援助重庆市儿童福利院。

二、服务领域

该基金会公益项目包括定向捐赠重庆市儿童福利院儿童，定向捐赠重庆市儿童福利院"爱心家园"，向重庆市儿童福利院孤残儿童捐赠物资、

---

[1]　重庆孤残儿童援助基金会：《重庆孤残儿童援助基金会基本情况简介》。

抚育经费，转付给重庆市儿童福利院孤残儿童定向捐赠款，为重庆市儿童福利院儿童购置医疗设备，向重庆市儿童福利院捐赠厨房用品、洗衣设备、康复设备等。

"小单元家庭"资助。让孩子在温暖的家庭环境里，身心健康发展。"小单元家庭"模拟了社区的普通家庭环境，重新营造了一个最佳的、类似家庭一样的成长环境，为儿童回归社会提供了一个适应的平台，使他们逐渐融入社会。

助学资助。资助孤残儿童接受中高等教育和专业技能培训，帮助他们融入社会生活并实现自我价值。

人道援助。除了常规救助项目外，对于有特殊需要的儿童，也在力所能及的范围内实施具体救治，如帮助福利院捐赠脑瘫康复室器械的项目，为儿童福利院捐设备和生活用品的项目等。

三、存在问题

（一）该基金会与重庆市儿童福利院的关系定位问题

该基金会的宗旨是调动社会各界力量积极筹集资金，援助孤残儿童和弃婴，维护社会的和谐稳定。章程表明该基金会并非定向资助某一家单位或组织，而是援助整个孤残儿童群体。所以实现募集资金的社会化的同时也应该实现项目运作的社会化，特别是援助服务的社会化。重庆市儿童福利院是国家财政提供的社会救助保障的体现，理应完全实现财政的支持。基金会只能发挥辅助作用。在特殊教育等服务供给方面，政府可以通过购买服务的方式进行。在相关领域的医学研究方面，也可以通过基金会资助来实现，而非基金会募集资金转而进入福利院。如此国家财政支持就会打折，社会救助保障就得不到贯彻实施。

（二）该基金会协同治理过程中其主体和权威的缺失

社会救助事业是党和政府积极关心、支持的民生事业，基金会本应该积极协同政府部门做好这项社会治理工作。在此过程中，基金会首先应该有独立性。作为治理主体之一，应该拥有某一方面的权威。但是，该基金会既缺失主体性，也缺失权威性。从基金会项目报告看，福利院申请款项后，基金会讨论和考察，然后同意拨款。整体项目管理符合程序，但是如同一个人左手的资金转到右手，这样的项目与基金会当然缺乏独立性与权威性。社会残疾儿童的福利缺少国家财政的有效支持，也未能得到基金会的有效援助，更不谈基金会主动深入社区调查研究残疾儿童所面临的一系列困难与问题，深入儿童医院开展医学合作研究。这些均能够促进基金会权威的积累，改善基金会社会资本状况。

（三）该基金会协同治理的社会效益需要进一步提升

基金会的社会效益首先体现在基金会项目带动产生的社会效果。通过该基金会项目报告发现，经由儿童福利院及附属单位，基金会援助孤残儿童的面比较广，为国家社会救助事业作出重要贡献。但如上所述，基金会项目运作的非社会化决定了其社会效益的狭窄。一方面体现在基金会本身的社会认知度明显不足，基金会捐赠人、组织均源于儿童福利院所拥有的社会资本；另一方面基金会产生的社会效益只能通过儿童福利院这块招牌予以体现。

四、原因分析

该基金会面临的问题主要源于其与政府关系的模糊性，这种模糊性并非是垄断控制与授权型基金会所表现的特点。垄断控制与授权型基金会与政府关系是明确的、稳定的，作为协同治理的主体之一，这种类型的基金会虽然缺乏自主性和权威性，但是本身具有独立性，与政府部门截然分离。本案例中的基金会与政府部门关系是你中有我，我中有你，重要的是基金会缺乏独立性，更不用说协同治理中的自主性和权威性。另外，该基金会的内部治理与外部运作均受制于政府部门，导致其社会效益狭窄。由于基金会理事会成员大多来自儿童福利院，理事会日常运转也与福利院掺杂，形成两块牌子一套人马的局面。在外部运作方面，该基金会需要儿童福利院的社会资源，从而完成基金会募集资金工作。同时儿童福利院代替社会选择成为基金会援助项目的定向受益单位。

第三节　社会团体自办的基金会

一、背景分析

重庆市青年创新创业基金会是共青团重庆市委自办的基金会，同时重庆市政府也有50%注资。其业务范围包括募集青年创业、就业基金，接受社会各界对青年创业、就业的捐赠；制定与实施青年创业、就业资助办法，推广促进青年创新创业的示范性项目；资助青年创新创业研究，组织青年创新创业经验交流，营造有利于青年创新创业的社会氛围；与政府、企业、非营利机构和个人密切合作，广开青年创业、就业渠道；资助促进青年创新创业的咨询、培训等服务活动；合法、安全、有效地进行基金运作，促使基金的保值与增值。①

从基金会理事会构成与其开展的项目情况看，该基金会属于依附型基金会。基金会理事会负责人均来自共青团重庆市委，理事包括市级机关、区级街道、传媒以及企业负责人。基金会通过重庆市政府部门获得权力资源、社会资本以及行动的合法性，通过接近政府开展一系列项目，主要依托共青团系统开展基金会的工作。

二、服务领域

（一）促进青年创新创业专项经费项目

重庆市青年创新创业基金会与中国青年创业就业基金会每年签订促进

---

① 重庆市青年创新创业基金会：《重庆市青年创新创业基金会机构简介》。

青年创业就业专项资金拨付支持协议。2010—2018 年，举行"青锋面对面"活动暨"青锋计划"青年创业导师培训，促进青年企业就业。拨付经费专项用于相关区县基层团干部培训、基层团组织团务用品订购、乡镇和街道团的组织格局创新工作、非公企业团建、驻外团组织建设、关爱农民工子女活动、青年就业创业见习基地建设、青年创业小额贷款、青年就业创业技能培训、预防青少年违法犯罪等工作及"东风帮扶大学生村官创业项目"。

（二）未来企业家培养青锋计划项目

帮扶青年创新创业，培养未来企业家。作为重庆市青年创新创业基金会品牌项目，未来企业家培养青锋计划，面向青年，成立重庆市创业青年人才数据库，鼓励以创新开启创业，扶持以创业带动就业；放眼未来，着力引导青年成为自主创新和自主创业的主力军。项目宗旨：帮扶青年创新创业，培养未来企业家。项目对象是有创业意愿、有创业能力、有创业基础的"三有"优秀创业青年。项目渠道为面向全市征集、筛选有创业意愿、有创业能力、有创业基础的"三有"优秀创业青年，组建"青锋计划"重庆市创业青年人才数据库，掌握青年创业人才情况、创业项目情况和创业发展情况。

项目内容是"六位一体"的创业帮扶。针对青年创业不同阶段、不同内容、不同目标的具体需求，提供"借资金、贴利息、送培训、配导师、助推介、树典型"六个方面的帮扶。（1）"青锋·小额借款"。针对有创业意愿、有创业能力、有创业基础的"三有"优秀创业青年，以"用一笔不多的钱，助青年创业的路"为宗旨，以"无息、小额、短期"创业借款为主要方式，为青年创业提供急需的资金支持。（2）"青锋·贷款贴息"。联合相关商业银行实施青年创业小额贷款项目，提供优惠创业贷款，配套小额贷款贴息，降低青年创业成本。（3）"青锋·能力培训"。开展创业理念、创业知识、创业能力等培训，提高青年自主创新和自主创业能力。（4）"青锋·导师辅导"。成立"青锋计划"重庆市青年创业导师团，一是实施"一对一"项目，对入库创业青年进行为期1—3年的"一对一"陪伴式导师辅导。二是实施"四进四送"项目，组织导师进农村、进社区、进校园、进企业，为广大青年送项目、送岗位、送技术、送培训。三是开展"导师区县行"活动，加强对区县创业就业工作指导。

（5）"青锋·项目推介"。定期及不定期举办"青锋计划"创业项目推介会，组织基金、风投等投资机构以及个人投资者，对创业项目进行点评、宣传和推荐，拓展项目融资渠道，为青年创业项目走向市场广开路径。

（6）"青锋·青创先锋录"。组织"青年创新创业先锋"年度评选，编撰《青创先锋录》，开展"青创先锋事迹巡回展"，培树青年创新创业典型，引领青年创新创业文化，营造良好社会氛围。

项目开展情况：2011—2018年先后在荣昌县、南岸区、黔江区、渝中区、大渡口区、九龙坡区、江北区、江津区、云阳县、秀山县等10个区县试点开展"未来企业家培养青锋计划"无息借款项目，扶持资金50万元。在全团创新性地提出"有创业意愿、有创业能力、有创业基础"的"三有"优秀创业青年这一概念，以"无息、小额、短期"创业借款为主要方式，为"三有"优秀创业青年提供其创业急需的资金支持，在荣昌、南岸、城口设立三支区县级青锋计划子基金，直接帮扶131名青年成功创业；导师与创业青年结对帮扶247对；举办项目推介会17次，推介帮扶创业青年31人成功融资。

（三）YBC项目

2011年12月，重庆市青年创新创业基金会与瀛公益基金会合作扶持青年成功创业YBC模式标准公益项目——中国青年创业国际计划。YBC的核心帮扶模式是：为创业青年提供无利息、无抵押、免担保的资金支持、"一对一"陪伴式导师辅导和系统化的创业培训，引导青年进入工商网络，帮助青年成功启动创业。YBC网络的组织方式是：在政府的倡导下，动员社会各界，特别是工商界的资源和智慧，在全国各个城市和地区建立志愿者帮扶网络，为创业青年提供"滴灌"式的帮扶。YBC网络是帮助青年人创立和发展自身企业，以及创造就业机会的非营利性的全国网络。通过 YBC 网络组织成员的交流和共同行动，提高扶持青年创业者的数量和创业成功率。项目开展情况：2012 年投入资金 300 万元开展 YBC 项目，第一批各区县推荐的 11 名创业青年接受 YBC 项目 5 万元创业资助金和为期 3 年的导师"一对一"帮扶，积极申报设立达沃斯论坛全球杰出青年社区重庆分社区，拟吸纳年龄在 20—30 岁之间，有创业经验的和特殊贡献的青年，分享达沃斯论坛资源，与政府、企业界一同探讨、设计和解决重庆的经济社会等问题，在解决问题中成长并作出贡献。[①]

三、存在的问题

（一）该基金会充分利用重庆市共青团系统，保证了协同治理系统协作与协调，但是缺乏社会化渠道

通过青年创业案例发现有资助需求的青年往往经由地方共青团介绍才进入该基金会项目申报，目前该基金会也在积极解决互联网在线申报系统，反映了基金会项目运作过程中政府选择代替社会选择。该基金会依附重庆市共青团能够实现协同治理主体的自主性与权威保证，但是由于缺乏社会选择机制，该基金会只能通过共青团系统推荐受助备选人，在一定程度上造成项目运作面向的对象有限。

（二）该基金会在协同治理过程中发挥着重要的辅助作用，但是在青年创新创业服务领域存在高端资助有余、中低端资助不足的情况

我国就业创业服务是政府公共服务的重要领域，鉴于目前严峻的就业形势以及创业环境，政府投入大量资金为农民工群体、毕业大学生群体、企业下岗职工以及城镇低收入群体进行就业培训及岗位培训，为城乡青年

---

① 重庆市青年创新创业基金会：《重庆市青年创新创业基金会项目基本情况》。

提供技能培训、就业培训、招聘会以及提供相关保障。另外，在创业方面，积极投入资金保障创业环境的进一步改善。基金会在这些中低端就业创业方面更应该发挥积极作用，通过城乡社区网络建立一套完善的社会选择机制。

（三）该基金会在项目运作、品牌培育与媒体宣传方面取得了很大成绩，但是社会认知度不足

一方面，由于该基金会的项目运作是走高端路线，诸如达沃斯论坛、亚太经合组织等工商平台，这些通常只能被政府部门、社会团体以及相关人员关注，社会大众未必关心这种高端创新创业项目，也会有一定的距离感。另一方面，该基金会凭借共青团系统，在一定程度上就是依靠行政权力运作项目，势必造成社会大众的误解，将基金会项目与政府项目混为一谈，从而影响社会认知度。

四、原因分析

该基金会存在的问题是其进一步发展过程中必然会遇到的问题，即由于目前我国基金会与政府关系大多数属于依附型，依附型基金会必然通过政府行政权力开展工作，在协同治理的主体、权威、协作与协调等方面也依靠政府部门的保证，其结果必然是政府选择代替社会选择，政府权力资源配置高端项目，以及与社会大众有距离感。

第四节 大学系统自办的基金会

一、背景分析

重庆市金平法学教育基金会是西南政法大学自办的基金会，倾向于将其认定为自治自主与契约型基金会。第一，在大学系统中，基金会与政府关系相对于其他类型基金会要远。金平法学教育基金会主要在法学界发挥作用，同时运用学术界内部资源。第二，通过金平法学教育基金会项目运作情况看，基金会主要资助对象是西南政法大学的师生。一系列基金会制度规则均在大学内部起作用，具有一定的封闭性，当然法学成就奖例外。就金平法学教育基金会大多数项目而言，基金会内部治理与外部运作均体现一定程度上的自治自主与契约。所以在基金会理事会人员构成方面，基金会理事会成员多数属于西南政法大学人员或校友，特别是在党政机关居于领导岗位的人员，在一定程度上表现出基金会与政府接近的积极姿态。

二、服务领域

金平法学教育基金会（CQJLEF）属于非公募基金会，宗旨是汇八方涓流、襄法学教育之伟业，支持法学教育科研事业的发展，推动国家法制建设。该基金会业务范围：一是接受社会各界对法学教育方面的捐赠。二是制定相关资助办法并实施。基金会资助项目主要包括：（1）支持法学及相关学科研究、教学研究和学术著作出版；（2）奖励为法学教育科研作出突出贡献的优秀教师和学生；（3）资助法学院校教师参与国际合作、参加国际学术会议和出国深造；（4）支持与法学教育科研事业有关的其他项目；（5）捐赠人特别指定的项目。三是在合法、安全、有效的前提下，进行基金运作，确保基金保值、增值。①

三、问题分析

第一，在基金会协同治理的主体方面，该基金会作为唯一主体具有单一性。这种单一性建立在基金会与大学彼此难以拆分的基础之上。第二，在治理权威方面，基金会让位于大学。从对受助人群体的电话访问情况来看，受助人得到的认可主要针对大学或者学院，而非基金会。第三，基金会的社会认知不足，就是在大学内部认知也不足。第四，在协同治理协作

---

① 重庆金平法学教育基金会：《重庆金平法学教育基金会章程》。

与协调方面，需要基金会积极寻求各方支持，特别是政府的支持。某些情况下需要大学出面寻求支持。

四、原因分析

第一，金平法学教育基金会与西南政法大学的关系模糊。作为在大学内部运作（除法学成就奖之外）的基金会，虽然项目运作与内部治理具有自治自主与契约性，但是基金会缺乏独立性。以致基金会的社会认知度不高，需要借助大学的资源完成捐赠工作，以及资助贫困学生和奖励师生员工。第二，金平法学教育基金会在大学内部具有自治自主与契约性，与大学外的互动局限于校友群体，缺乏与地方政府、企业等协同治理主体的接触。虽然对大学生的资助和对大学师生的奖励也是社会治理的一部分，但是严格意义上说，金平法学教育基金会协同治理的参与程度和社会效果均不足。以致基金会社会支持网络弱化，具有封闭性。

五、对策分析

一是加强金平法学教育基金会的独立性。确定基金会与大学的关系，在内部治理与外部运作方面规范基金会的制度，回归社会组织的基本性质，这是进一步改善金平法学教育基金会状况的基础。二是拓展金平法学教育基金会的运作方式。在项目运作的基础上开展资助运作方式的探索，真正体现法学教育的本质，可以资助相关法学院校开展科学研究，资助相关法学学者开展社会服务，资助社会组织开展法律相关公益活动。运作方式的拓展能够使得基金会改善其封闭状态，更加深度地参与社会治理，更加广度地寻求各方面协作，弥补社会支持网络的弱化。三是广泛宣传金平法学教育基金会，特别是在我国法学界宣传该基金会。只有在法学界成功宣传该基金会，才能更好地强化基金会的社会认知度。至少在法学学术界突破校友式的捐赠方式，理顺社会选择的机制。继而在地方、全国形成规范的捐赠通道和资助的社会选择机制。

第五节　个人名义创办的基金会

一、背景分析

1995 年 5 月，重庆彭水籍台胞王应田先生为支援家乡教育事业，由乡友王子勃先生等发起，并由王应田先生自愿捐赠美金 50 万元在彭水设立教育基金会，基金会的宗旨是帮助家乡偏远山区失学儿童得以入学。贫困优生能继续深造，有突出贡献的教育工作者、教师得到褒扬和鼓励。彭水县人民政府彭自府函〔1995〕87 号文呈报四川省人民政府。次年，省政府以川府函〔1996〕97 号批复，同意接受台胞王应田先生 50 万美元捐赠，用于设立"彭水王应田教育基金会"。彭水县民政局于 1996 年 6 月 20 日核发了社团法人登记证书。后因基金会审批权上收，2004 年 10 月 21 日经重庆市民政局渝民管〔2004〕188 号文决定，准予登记设立"重庆市彭水王应田教育基金会"（以下简称"彭水王应田基金会"）。①

彭水王应田基金会是以个人名义创办的基金会，该基金会登记机关为重庆市民政局，业务主管单位为重庆市台湾事务办公室。在基金会与政府关系方面，该基金会属于契约型基金会。首先，因基金会源于彭水籍台胞个人捐赠，属以个人名义创办的基金会，虽然得到各级政府的批准，但没有政府背景。在特征方面，既非突出垄断，又非突出控制，也非突出授权。同时，因基金会创办需要符合法定条件，加之基金会本金来自台胞，所以政府台办在基金会创办过程中发挥着重要的协调作用。所以，该基金会与政府关系类型方面，并不突出自治、自主性，而表现为一定程度上的政府干预。彭水王应田基金会属于契约型基金会，主要表现在彭水教育领域，在内部治理方面，基金会理事会成员大多数属于彭水籍在外人员，在项目运作方面，突出了契约性。

---

① 重庆市彭水王应田教育基金会：《重庆市彭水王应田教育基金会基本情况介绍》。

二、服务领域

（一）彭水中学"王应田基金班"

为了解决贫困学生，特别是农村学生无钱念高中的问题，同时也为提高彭水中学升学率，使更多的彭水籍学生升入高校深造。1996 年起，由基金会提供助学金与彭水中学联办"应田基金重点高中班"。基金会为该班学生提供每月 100 元生活费资助。该班学生最后全部升入高校，取得了良好的效果。经理事会研究决定：从 2009 年起，"王应田基金班"由原来每 3 年招一届改为每年招一届，2010—2012 年，基金会共提供 450000元资助彭水中学办基金班。由于彭水中学基金班办学效果取得了良好成绩，在社会上产生轰动效应。一些企业也参照这个模式，分别资助资金设立了类似的班。

（二）彭水中学青年教师成长基金

青年教师的成长关系着学校的发展，彭水中学通过"师徒结对"建立起青年教师成长指导中心。基金会为了帮助彭水中学促进青年教师成长，特资助经费设立了"青年教师成长基金"。2011 年资助 50000 元，2012 年资助 50000 元，共 100000 元，解决了彭水中学培养青年教师经费不足的问题。近两年来，彭水中学共为青年教师提供进修、读研经费 12万元，极大地调动了青年教师学习的积极性，激励了青年教师的上进心，为提高青年教师的思想、业务素质，提升彭水中学整体教育教学水平作出了应有的贡献。

（三）彭水县民族中学"民族班"奖学金

彭水县民族中学为了打好"民族教育"这张牌，在每年初中招生中，特招两个"民族班"。为了表彰品学兼优的学生，经该校申请，基金会理事会研究同意，在彭水县民族中学民族班设立"应田基金"奖学金。

2010年至2012年3年间共投入资金90000元，用于该校民族班学生的学习和生活，解决了民族班学生学习和生活上的困难，使他们顺利地完成了初中学业。3届民族班学生全部升入重点高中。[①]

三、存在的问题

（一）基金会的资金保值增值问题

通过实地研究发现，该基金会成立至2012年，前期资金保值增值工作做得比较好，但是目前存在一定的风险。如基金会将资金外借给地方企业，虽然通过熟人关系能够保证资金的顺利返还，但是资金风险比较高，一旦出现借贷企业资金困难，基金会借出的资金就会面临收回困难。这也从侧面反映出基金会保值增值的渠道较为狭窄。

（二）基金会捐赠渠道的拓展面临困难

彭水王应田基金会主要通过运作本金来保值增值原始基金，随着我国市场化改革的不断深入，银行利率、国债等投资产品的收益日益萎缩，在社会投资体制机制仍不完善的情况下，基金会本金投资面临困境。作为非公募基金会，彭水王应田基金会无法公开募集资金。作为以个人名义创办的基金会，除王应田先生本人授意保住本金外，基金会并无其他社会资源展开私募工作，捐赠渠道的拓展面临困难。

（三）基金会未得到地方政府的足够重视

在基金会协同治理的结构方面，彭水王应田基金会虽然具有主体性、权威性，协作与协调方面也得到地方政府部门和企业的积极配合，但是政府对彭水王应田基金会的重视明显不足，势必导致基金会参与社会治理的深度和广度均不足。

---

① 重庆市彭水王应田教育基金会：《重庆市彭水县王应田教育基金会2010—2012年公益项目情况报告》。

四、原因分析

彭水王应田基金会面临的一些问题主要源于基金会与政府关系的疏离。作为非公募基金会，彭水王应田基金会自始至终坚持以投资的方式保值增值基金会的本金，但由于投资渠道窄，基金会本金面临风险，开拓捐赠渠道时也面临困难。作为契约型基金会，彭水王应田基金会没有足够的社会资源来非公开地募集资金。基金会成立后的前期，由于地方政府的重视，基金会与政府关系比较紧密，开展的项目也稳步推进，形成了地方品牌。但后期由于地方政府负责人的变动在一定程度上影响了基金会与政府的关系，基金会只能依靠政府教育部门原有的社会资源，而这对于继续维持既有品牌建设显然是不够的。

五、对策分析

一是基金会资金保值增值是基金会发展的基础，应该强化非公募基金会捐赠渠道建设，规范资金投资方式，规避可能的资金风险。彭水王应田基金会应该转变其本金的保值增值的方式。利用基金会理事会成员的社会资本，积极地私募资金，为基金会捐赠渠道的拓展奠定基础。清理基金会资金投资的风险部分，以保值增值为标准，及时撤回风险资金并弱化本金投资。

二是基金会需要与地方政府保持积极的联系。基金会秘书处应该积极招聘专职人员，规范基金会日常工作制度，将基金会的工作与地方政府治理紧密结合，如以简报、报告、汇报等多种形式将基金会调查研究的情况主动与政府交流，一方面能够开拓基金会项目运作，同时能够为基金会涉足资助运作模式做准备。

第七章　善治之益：基金会协同社会
治理创新路径分析

党的十九届四中全会提出"重视发挥第三次分配作用，发展慈善等社会公益事业"。基金会作为兼具公益慈善和社会治理功能的社会组织，扮演着"催化剂"和"链接器"的角色。基金会通过慈善行为进一步平衡地区差异、城乡差距和贫富差距，通过慈善力量补充社会保障体系，是社会融合的桥梁。

善治是使公共利益最大化的社会管理过程并高度契合中国社会治理结构。善治是公益慈善的任务，基金会善治在于以人为中心，用民间的方式、公益组织的方式解决人和人的关系问题，构建中国公益价值体系。中国文化精髓在于"仁"，"仁者爱人"，建立基于中国文化渊源的基金会的公益慈善自信，发挥自身专业性、中立性、利他性、志愿性、创新性优势，能够更好地赢得政府、民间组织和人民的信任，促进民心相通。

2018年3月10日，习近平在参加十三届全国人大一次会议重庆代表团审议时的重要讲话中，要求重庆重视发挥道德教化作用，引导全社会积极培育和践行社会主义核心价值观，树立良好道德风尚，推动高质量发展，创造高品质生活。"在慈善中积累道德"是习近平的一贯主张。基金会当以善治助推"善业"，增强人与人的链接、信任的重建、弘善资本流动以及整合慈善家、职业经理人、各类专业人士及志愿者参与公益慈善事业。在保障公益先要公平的前提下，推动社会主义核心价值观与文化伦理浸入民生公益工程，为各项公益慈善服务找到内生动力和自发土壤。

在"推进国家治理体系和治理能力现代化"的背景之下，本章基于对重庆市基金会协同社会治理的调研和前文的分析，尝试提出创新基金会协同社会治理的路径，彰显"以人为本"的价值理念，建构一种以基金会为中心的社会组织改革发展方案，深入推进基金会协同社会治理，提升公益慈善事业的创新性、专业化和公众参与，让公益慈善真正成为一种更具品质的生活方式。

目前我国对基金会的认知仍处于初级阶段，社会组织有充分空间去加以改革和发展。公益慈善事业需要社会各界的积极参与，发扬"不独亲其亲，不独子其子，使老有所终，壮有所用，幼有所长，鳏寡孤独废疾者皆有所养"的"天下为公"精神，与"老吾老以及人之老，幼吾幼以及人之幼"的传统美德，推动基金会向更好的方向发展。同时向世界传播和平发展理念，配合"一带一路"建设，开展国际公益活动，促进中国与周边及沿线国家民意相通，共襄慈善义举，向世界传递中国公益的向善力量。

第一节　行政体制改革与基金会管理制度创新

一、以政府购买服务创新基金会运作管理

当前我国基金会运作管理需要进行制度创新。基金会双重管理制度已经开始破冰。登记管理需要进一步强化，业务管理制度需要改革。实践表明，民政部门对基金会的登记管理仅限于登记、备案、年检和定期组织第三方评估。登记管理不能触及基金会内部治理及日常运作，同时业务主管单位也不能有效组织人力物力对所挂靠的基金会进行有效的日常运作监管。这种"严进宽出"式的粗放管理需要制度创新，主要着力点包括以下三方面：一是改革政府对基金会的监管方式；二是管理基金会运作；三是培育第三方评估机构。

利用政府购买服务创新基金会运作管理。民政部门以政府购买服务为抓手，从登记、备案、授权、竞标、评估、监管整个购买服务链条对基金会进行运作管理并加强基金会日常运作的管理。一是民政部门在登记、备案、年检和定期组织第三方评估的基础上以购买服务为契机出台相关全程监管政策措施。建立对基金会获得竞标购买服务资格审查、信用评级、以往提供服务的评价、中标以后服务提供监管、合同履行评估、服务验收评估等各个环节的严格监管制度。二是利用政府购买服务为基金会注资以倒逼机制使基金会规范运作。西方社会组织运作的经验表明政府往往是社会组织最大的注资方，同时政府注资以基金会规范运作为前提，通过购买服务实现对社会组织作用的充分发挥。这种改革方案既解决了基金会资金保值增值的问题，又为政府公共服务改革指明了方向。三是以社会组织的形式培育第三方评估机构。民政部门登记管理需要第三方机构提供信息数据，政府购买服务全程需要第三方评估机构的参与和配合。第三方评估机构接受政府监管，按照工作规则对社会组织进行日常评估、阶段评估以及工作评估，能够相对客观、公正地为政府部门和社会大众提供关于基金会的一些评价结果，既有利于政府监管，又有利于大众对基金会进行监督和社会选择。

二、以政社分开创新基金会登记管理

政社分开是社会组织公平环境建设的首要前提。目前基金会登记管理存在很多不平等的情况，没有公平的社会组织环境就更谈不上以政府购买服务创新基金会运作管理。社会组织的行政化、免于登记、特殊化运行、权力滥用在很大程度上已经影响到我国基金会的公信力。社会组织的公平环境建设不仅关系到政府购买服务能否按竞争规则实施，而且关系到没有官方背景的社会组织的未来发展。还原社会组织非政府性、非营利性是肃清社会组织环境的要务。

一是民政部门要对全国社会组织进行统一登记管理。无论是哪一级组织，只要自身归属于社会组织性质，如社会团体、基金会、民办非企业等都要统一在民政部门登记。改革登记管理中的特殊制度，让那些适宜承担行政管理工作的组织回归行政性，让那些适宜承担社会组织功能的组织回归公益性，彻底进行社会组织识别工作。二是严格按照社会组织的一般属性配置组织内外运作制度。对于基金会而言，基金会理事会是核心，其成员必须拥有专职、专业工作人员，防止理事会与政府行政机关、企事业单位形成我中有你、你中有我的局面。基金会要充分体现其公益性，避免出现行政化。三是进一步完善基金会登记管理制度。采用民政部门审核、第三方评估机构评价、社会公众听证的方式严格准入制度建设。采用年检、定期评级和社会监督结合的方式完善基金会监督体系建设。采用淘汰机制，按照民政部门、同类基金会、第三方评估机构、社会公众一方否决的方式，淘汰不合格的基金会。

三、以政府监管创新基金会第三方评估管理

政府的社会监管职能是政府职能转变的重要方向。政府职能转变是我国行政体制改革的重要内容，其方向有二：一是强化政府提供公共服务的职能，提高政府公共服务的能力和水平；二是加强政府对市场的监管，加强政府对社会的监管。政府对社会组织的监管是政府社会监管职能的重要体现，第三方评估机构成为政府组织社会监管的重要中介。第三方机构评估能够有效解决政府社会监管的效率和公平问题，能够有效解决社会自我管理、社会治理体制机制问题，能够培育社会主体，增强社会活力。

因此，首先要积极培育第三方评估机构。政府民政部门有责任积极培育第三方评估机构，出台相关政策措施积极推动成立一批专业能力强、业务素质好、运作规范有序的第三方评估机构。其次是建立第三方评估机构向政府负责制度。保证第三方评估机构的公平、公正、公开，合理、有效地对社会组织进行评价，需要政府全面负责第三方评估机构的准入、考核、监督等政府负责制度，第三方评估机构如果出现信任危机则向政府问责。再次是建立第三方评估机构定期向社会公开评估结果制度。将第三方评估机构定期向社会公开评估结果作为政府部门督办的重要事项，并将评

估结果作为政府信息公开的一部分。最后要加强第三方评估机构及其评估结果的宣传工作。让社会公众更多地获得关于社会组织的一些评价、评级，有利于社会组织社会选择机制的确立，有利于社会公众凭第三方评估机构的评估选择社会组织，有利于社会组织的合理竞争及促使社会组织进一步提高治理能力和水平。

第二节　经济体制改革与基金会社会选择创新

一、以公平竞争的方式获取政府购买资金

政府购买服务为社会组织提供大额资金需要公平竞争。社会组织公平环境建设在政社分开的基础上需要强化市场意识，市场在资源配置中的基础地位需要经济体制改革的不断深入推进。首先，市场经济能够推动社会财富的不断累积，从而为社会组织接受资金捐赠奠定基础。社会组织所需资金主要来源于政府注资。经济社会发展为政府财政收入的持续增加贡献力量，政府才能有足够的财政资金注入社会组织。当然，经济发展也能够使更多的企业主体积极履行社会责任将更多的资金捐赠给社会组织。其次，市场经济的繁荣保障公平竞争的社会环境。公平竞争是政府购买服务制度的总开关，政府财政资金注入基金会的唯一标准是公平竞争。基金会需要公平竞争将资金转移给不同类型的社会组织，完成其资助运作。基金会、社会组织则依靠公平竞争获取资金支持。只有依靠公平竞争才能使社会组织持续具有活力，才能保证政府财政资金落到实处，才能使有需要的公众获得社会组织的支持与帮助。

二、以公平竞争的方式获得社会捐赠

基金会应该成为社会捐赠的容器。第一，基金会可以资助其他社会组织使其开展服务活动。从社会捐赠的角度出发，通过基金会各类社会组织

均能够获得一定程度的资金支持，从而补充政府财政支持的不足。第二，社会团体、民办非企业不能直接接受社会捐赠。前者主要依靠会员（单位）的会费，后者主要通过政府购买服务获得资金。基金会成为社会捐赠的容器，以资助方式将捐赠注入社会团体、民办非企业。在政府购买服务方面，基金会可以成为政府财政资金的容器，通过基金会将财政资金转变为社会福利资金，再进行分配。第三，基金会能够制度化地接受社会捐赠，具有合法性。

社会捐赠需要公平竞争。一是基金会之间的公平竞争。公众有捐赠需求时应该拥有捐赠选择权利。各种基金会的公平竞争能够保证公众进行社会选择。通过政府、第三方评估机构、基金会等各方的信息发布，公众能够比较不同基金会并将捐赠给予某一家基金会。并且，公众需要一个公平竞争的社会组织环境，才能真正发掘自身的爱心力量，才能利用公众的社会选择促进社会组织的建设与管理创新。

三、以公平和效率为标准开展资助

基金会资助转型的关键是确立公平和效率的资助选择标准。社会选择机制既包括政府对基金会的选择，又包括公众对基金会的选择，也包括基金会对其他社会组织的选择。第一种选择是基金会资金获取的关键，第二种选择是基金会生存的保证，第三种选择是基金会发挥作用的基础。只有公平竞争才能保证更优的社会组织接受基金会资助并开展服务，只有效率才能保证承担服务的社会组织延伸到社会福利的最后一公里。

第三节　社会体制改革与基金会
治理制度创新

一、政府资金是基金会获取的最大捐赠

政府公共服务职能决定了财政收入主要用于基本公共服务。其中以

政府购买服务方式提供的资金支持可以涵盖公共服务的各个领域。如医疗卫生服务领域中，公立医院改革的重点是实现公立医院的公益性，其中政府财政支持可以保证公立医院的公益性，关键是采用政府购买服务的方式。医院不再是事业单位性质，而是属于社会组织，基金会作为中介接受政府财政资金并拨付给竞标的医疗单位。公立医院、社区医院、私立医院、专科医院等不同类型的医院都要实现社会组织转型，都能够通过公平竞争获得政府财政资金的支持。这些资金如果经过基金会这个专业容器去接收和拨付，这样就能避免财政资金的滥用，避免粗放式的集体主义大锅饭，提高资金的使用水平，提高医疗社会组织的能力，改善服务质量，缓解日益严重的医患关系，维护社会稳定和基本医疗保障。

二、购买服务的评估监管是基金会规范治理的保证

在政府与社会组织之间增加基金会这个中间环节能够有效开展购买服务的监管工作，实现政府对基金会的评估监管和基金会对提供服务的社会组织的评估监管，真正形成社会治理的良性循环，形成社会自我管理与政府有效监管的平衡。有了政府对基金会的监管，才能促使基金会进一步规范内外运作与治理，因为基金会的社会责任更加重大，只有规范内部治理机制和外部资助运行机制才能保证基金会获得政府资金，才能保证资助的社会组织提供优质高效的社会服务，才能获得社会公众的认可。

三、购买服务为基金会赋权并提升其社会活力

基金会承接政府购买服务的资金就是政府让渡一部分权力给基金会。在公平竞争的基础上获得财政支持的基金会获得赋权，能够在更广泛的社会领域选择合适的社会组织予以资助使其更好地服务社会。在此过程中基金会的社会活力得以彰显，并在更多领域激发其社会活力的进一步提升。

第四节　社会组织体制与基金会
协同治理创新

一、资助转型需要政府支持

基金会需要政府支持，通过政府购买服务基金会才能实现资助转型，才能制度化地参与社会治理，才能协同政府治理创新。资助转型是基金会资金容器功能的重要体现，基金会的工作主要包括两部分，一是竞标政府购买服务资金，二是组织其他社会组织竞标，完成政府购买服务。其中，第二部分的工作主要是指基金会的资助运作模式。只有这样才能真正发挥基金会资金运作的功能，其前提则是政府支持。

二、资助转型需要社会协同

基金会资助运作还需要社会协同。包括各类社会组织、市场主体以及公众、个人。基金会承接了政府财政资金就承接了政府相应的职能转移，组织资助工作就是组织协同治理的系统协作与协调，在一定程度上与政府购买服务制度所要求的工作流程一致。这就需要政府与社会、市场各个主体的参与、协调、配合。

三、资助型基金会能够真正实现协同社会治理

在基金会协同政府社会治理关系模型中，不同类型的基金会都或多或少地出现协同治理结构缺陷。资助型基金会以政府购买服务联接政府主体，以资助社会组织开展服务联接社会主体，以社会捐赠机制联接市场主体，以社会组织监管为契机联接公众或个人，实现协同治理主体的多元化。在政府赋权的基础上基金会获得权威，基金会权威在资助运作中进一步得到提升，在协同治理过程中基金会能够更进一步地增强其权威性；相对地，社会组织承接基金会资助也会获得一定的权威基础，进而在协同治

理过程中增强其权威性。在协同治理协作与协调方面，资助型基金会使得各个主体具有一定的自主性，能够积极展开合作，并拥有制度化的保障。

四、契约型基金会协同治理路径

（一）政府向基金会购买服务是利益契合的出发点

在政府购买服务制度环境中，政府与中标基金会的关系首先是利益契合关系。这种合作关系既避免了政府对基金会的垄断、控制与授权，又避免了基金会过于强化的自治、自主与契约，在政府购买服务的制度框架下，保证基金会与政府的基本契约关系，保持双方的独立性与亲密性。所以以利益契合为核心的基金会协同治理的出发点是政府购买服务制度的确立与实施。这种政府购买服务制度并非要政府面对海量的社会主体，而是以基金会为中介，将选择社会组织转变为选择能够专业管理资金的基金会，基金会继而承接政府权责面对各个领域专业的社会组织进行公平竞争投标。

（二）基金会资助转型升级是协同治理的前提

完成政府购买服务需要基金会资助转型升级，从而实现协同治理。当代基金会发展的趋势表明，资助型基金会是主体，资助型基金会通过对其他社会组织的资金支持，使其开展科学研究、社会服务、项目运作等工作。就我国当前的实际而言，基金会只有通过资助转型升级才能承接政府购买服务，才能制度化地参与协同治理。否则，基金会只能依靠政府选择去寻找援助对象，配套基金会项目运作。没有政府背景或支持的基金会就会面临项目设计缺乏的尴尬局面。

（三）形成政府购买服务、基金会资助、社会组织参与、市场契约为规则的协同治理路径

构建以利益契合为核心的基金会协同治理路径，实现政府购买服务、基金会资助、社会组织参与、市场契约为规则的协同治理创新（见图

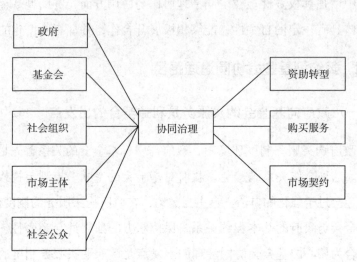

图 7-1　基金会协同治理路径

7-1）。政府购买服务联接政府与基金会并制度化基金会参与治理的机会；基金会通过资助社会组织促进购买服务工作并使得各种社会、市场、社会公众或个人主体参与协同治理；在政府与中标基金会之间，在基金会与中标社会组织之间，在社会组织与服务群体之间，按照市场契约规则完成各项工作并营造协同治理的公平环境。

参 考 文 献

1．陈明明：《治理现代化的中国意蕴》，《人民论坛》2014年第4期。

2．陈义平：《社会组织参与社会治理的主体性发展困境及其解构》，《学术界》2017年第2期。

3．陈咏梅：《社会组织参与社会治理之制度安排》，《广西大学学报（哲学社会科学版）》2018年第11期。

4．程玥、马庆钰：《关于非政府组织分类方法的分析》，《政治学研究》2008年第3期。

5．程恩富、蒯正明：《美国基金会"慈善"的内幕和实质》，《毛泽东邓小平理论研究》2018年第12期。

6．高勇：《治理主体的改变与治理方式的改进——"枢纽型"社会组织工作体系的内在逻辑》，《北京社会科学》2013年第2期。

7．顾益康、许勇军：《城乡一体化评估指标体系研究》，《浙江社会科学》2004年第6期。

8．洪静：《1987年以来韩国NGO与政府关系》，《北京行政学院学报》2011年第2期。

9．胡小君：《从分散治理到协同治理：社区治理多元主体及其关系构建》，《江汉论坛》2016年第4期。

10．黄成亮：《当代中国"国家—社会"关系的辩证法》，《湖北社会科学》2019年第4期。

11．姜晓萍：《国家现代化进程中社会治理体制创新》，《中国行政管理》2014年第2期。

12．姜辉：《"中国之治"的制度基础与文化奥秘》，《江淮论坛》

2020 年第 1 期。

　　13．江华、张建民、周莹：《利益契合：转型期中国国家与社会关系的一个分析框架》，《社会学研究》2011 年第 3 期。

　　14．金锦萍：《慈善法实施后网络募捐的法律规制》，《复旦学报（社会科学版）》2017 年第 4 期。

　　15．孔繁斌：《治理与善治制度移植：中国制度的逻辑》，《马克思主义与现实》2003 年第 3 期。

　　16．李强：《创新社会治理体制》，《前线》2014 年第 1 期。

　　17．李友梅：《中国社会治理的新内涵与新作为》，《社会学研究》2017 年第 6 期。

　　18．刘金伟：《社会组织参与基层社会治理的现实困境与路径选择》，《人口与社会》2016 年第 10 期。

　　19．刘任平：《共建共治共享社会治理格局的有效构建——基于整体性治理理论的分析》，《延边党校学报》2018 年第 4 期。

　　20．刘振国：《中国社会组织的治理创新——基于地方政府实践的分析》，《经济社会体制比较》2010 年第 3 期。

　　21．刘鹏：《从分类控制走先嵌入型监管：地方政府社会组织管理政策创新》，《中国人民大学学报》2011 年第 5 期。

　　22．卢福营：《论农村基层社会治理创新的扩散》，《学习与实践》2014 年第 1 期。

　　23．陆学艺：《统筹城乡发展，农村要进行第二次改革》，《经济学家》2008 年第 2 期。

　　24．欧黎明、朱秦：《社会协同治理：信任关系与平台建设》，《中国行政管理》2009 年第 5 期。

　　25．彭正波：《农村社会的治理危机——四个维度的分析》，《求实》2012 年第 9 期。

　　26．陶国根：《社会管理体制改革中的社会协同问题研究——以社会资本理论为视角的探讨》，《四川行政学院学报》2009 年第 1 期。

27．陶志峰、陈光普、刘远立：《社会组织在中国城乡一体化进程中的作用与机制创新》，《中国行政管理》2012年第8期。

28．万鹏飞：《地方政府改革：一种全球性的透视》，《公共管理评论》2004年第1期。

29．王名、贾西津：《中国NGO的发展分析》，《管理世界》2002年第9期。

30．王诗宗、宋程成：《独立抑或自主：中国社会组织特征问题重思》，《中国社会科学》2013年第5期。

31．王思斌：《社会工作在创新社会治理体系中的地位和作用——一种基础—服务型社会治理》，《社会工作》2014年第1期。

32．王伟进、王雄军：《我国社会组织参与社会治理的进展与问题》，《前沿观点》2018年第9期。

33．王勇：《社会组织参与社会治理的现实困境与机制构建》，《中共太原市委党校学报》2016年第4期。

34．温铁军、杨帅：《中国农村社会结构变化背景下的乡村治理与农村发展》，《理论探讨》2012年第6期。

35．韦克难、陈晶环：《新中国70年社会组织发展的历程、成就和经验——基于国家与社会关系视角下的社会学分析》，《学术研究》2019年第11期。

36．伍彬：《以综合考评为平台，不断提升政府公共服务能力：杭州市综合考评创新》，参见俞可平：《中国治理评论》（第2辑），中央编译出版社2012年版。

37．吴结兵、沈台凤：《社会组织促进居民主动参与社会治理研究》，《管理世界》2015年第8期。

38．夏锦文：《共建共治共享的社会治理格局：理论构建与实践探索》，《社会治理研究》2018年第3期。

39．解锟：《以基金会为主导模式的慈善组织法律架构》，《华东政法大学学报》2017年第6期。

40．谢立中：《超越个人与社会之间的二元对立——"社会互构论"理论意义浅析》，《社会学研究》2015 年第 5 期。

41．肖文涛：《社会治理创新：面临挑战与政策选择》，《中国行政管理》2007 年第 10 期。

42．徐家良、卢永彬、赵璐：《中国基金会治理核心评估内容研究》，《社会科学辑刊》2014 年第 6 期。

43．徐勇：《GOVERANCE：治理的阐释》，《政治学研究》1997 年第 1 期。

44．徐勇：《县政、乡派、村治：乡村治理的结构性转换》，《江苏社会科学》2002 年第 3 期。

45．杨会良、陈兰杰、杨雅旭：《党的十八大以来社会治理的理论演变与制度创新》，《治理现代化研究》2018 年第 4 期。

46．杨雪冬：《要注意治理理论在发展中国家的应用问题》，《中国行政管理》2001 第 9 期。

47．杨镭龙等：《政府与非营利组织合作的新模式——从制度化协同走向联动嵌入模式》，《国家行政学院学报》2010 年第 3 期。

48．叶林：《"陌生人"城市社会背景下的枢纽型组织发展》，《中国行政管理》2013 年第 11 期。

49．叶南客：《"三社联动"的内涵拓展、运行逻辑与推进策略》，《理论探索》2017 年第 5 期。

50．于江：《社会组织参与社会治理的效能分析》，《社会治理》2018 年第 5 期。

51．喻凯、何玮、秦杨：《新时代下社会组织参与社会治理创新问题研究》，《中共南昌市委党校学报》2018 年第 4 期。

52．俞可平：《中国公民社会的兴起与治理的变迁》，《中国社会科学季刊》1999 年第 3 期。

53．俞可平：《推进国家治理体系和治理能力现代化》，《前线》2014 年第 1 期。

54．于水、杨萍：《"有限主导—合作共治"：未来农村社会治理模式的构想》，《江海学刊》2013 第 3 期。

55．郁建兴、关爽：《从社会管控到社会治理——当代中国国家与社会关系的新进展》，《探索与争鸣》2014 年第 12 期。

56．杨丽等：《社会组织参与社会治理：理论、问题、与政策选择》，《北京师范大学学报（社会科学版）》2015 年第 6 期。

57．张康之：《合作治理是社会变革治理的归宿》，《社会科学研究》2012 年第 3 期。

58．张宇、刘伟忠：《地方政府与社会组织的协同治理：功能阻滞与路径创新》，《南京社会科学》2013 年第 5 期。

59．赵涟漪：《我国社会组织参与社会治理的法律保障问题研究》，《四川行政学院学报》2018 年第 1 期。

60．郑巧、肖文涛：《协同治理：服务型政府的治道逻辑》，《中国行政管理》2008 年第 7 期。

61．周学荣：《社会组织参与社会治理的理论思考与提升治理能力的路径研究》，《湖北大学学报（哲学社会科学版）》2018 年第 6 期。

62．周秋光等：《中国慈善发展的战略思考：历史与现实》，《湖南师范大学社会科学学报》2013 年第 1 期。

63．周庆智：《中国历史与社会情境下的社会组织》，《华中师范大学学报（人文社会科学版）》2019 年第 3 期。

64．朱力、葛亮：《社会协同：社会管理的重大创新》，《社会科学研究》2013 年第 5 期。

65．朱新武、王明标：《共建共治共享的社会治理格局：理论阐释与体系构建》，《新疆大学学报（哲学·人文社会科学版）》2018 年 6 期。

66．张亚维、陶冶：《我国基金会发展状况及影响因素分析——以中国 TOP100 基金会为例》，《扬州大学学报（人文社会科学版）》2012 年第 3 期。

67．张永奇：《中国之治的文化根基及其制度伦理建构》，《宁夏社会科学》2020 年第 2 期。

68．［法］让-皮埃尔·戈丹：《何谓治理》，钟振宇译，社会科学文献出版社 2010 年版。

69．［美］莱斯特·萨拉蒙：《公共服务中的伙伴：现代福利国家中的政府与非营利组织的关系》，田凯译，商务印书馆 2008 年版。

70．［美］理查德·博克斯：《公民治理：引领 21 世纪的美国社区》，孙柏瑛译，中国人民大学出版社 2005 年版。

71．［美］罗伯特·D. 帕特南：《使民主运转起来》，江西人民出版社 2001 年版。

72．［美］詹姆斯·N. 罗西瑙：《没有政府的治理——世界政治中的秩序与变革》，张胜军等译，江西人民出版社 2001 年版。

73．马国芳：《社会组织发展实证研究——基于社会治理的视野》，社会科学文献出版社 2017 年版。

74．王名：《社会组织概论》，中国社会出版社 2010 年版。

75．王名：《中国社会组织（1978—2018）——社会共治：正在生成的未来》，社会科学文献出版社 2018 年版。

76．王诗宗：《治理理论及其中国适用性》，浙江大学出版社 2009 年版。

77．俞可平：《治理与善治》，社会科学文献出版社 2000 年版。

78．俞可平：《中国公民社会的兴起与治理的变迁》，社会科学文献出版社 2002 年版。

79．张勤：《中国公民社会组织发展研究》，人民出版社 2008 年版。

80．《社会组织蓝皮书：中国社会组织报告（2018）》，社会科学文献出版社 2018 年版。

81．中国公益 2.0、中山大学中国公益慈善研究院、南都基金会：《中国民间公益组织基础数据库数据分析报告》，2014 年。

后　记

对于基金会协同社会治理的关注，起源于我带领的学术团队长期深耕武陵山区小流域"乡村社区"的一些发现，基于这种持续、密集的田野调查工作我们获得了乡村社区百科全书式的基础调查资料，进而剥茧抽丝地去梳理和发现更为集中的乡村问题。而当我就相关问题希望继续拓深研究的时候，总会发现一些基金会所开展的"项目"与我关注的问题与人群是同向或者是重合的。这些"项目"开展一方面让我的学术研究问题显得关注度更高，另一方面也让研究问题与解决问题在乡村发展中隐约找到了方向。

我们田野调查的足迹遍及武陵山区的多流域和众多传统村落，从研究乡村社会的留守老人与儿童、乡村社会的流动与生计变迁、乡村社会非物质文化遗产与教育传承、农村公共物品供给与民生的兜底保障，进而延伸到统筹城乡背景下的城市公租房的社区融合、都市乡土关系重构与网格化管理、社区文化互动与地方治理等问题的讨论，这些都是基金会"项目"参与的同向问题，使我在既定的研究议题之外获得了社会组织参与社区治理行动的诸多感性认识与建设性思考。

习近平总书记指出，"治政之要在于安民，安民之道在于察其疾苦"。基金会众多公益项目的开展，民生与社会导向是明确的，这种眼光向下关注基层与特殊群体的方式，通过扎根服务于社区，充分协同各种社区力量解决社区不断增长的社会需求，形成了整合地方资源、项目筹款资助、社区营造等方面的独特优势。这恰恰与人类学传统中始终关注"社区"或"个案"的研究，旨在聚焦"人类整体多样性"，并在参与社区发展的过程中产生了共振与联系。我们的研究试图在鲜活的"田野现场"发现社区需求的多元化与分层化，参与、观察和深入体悟社区居民的精神世界和文化价值观念，如人际聚合力、基于群体意识的认同感、归属感、互助和友爱精神、公益精神等的回归，理解国家与社会、城市与乡村、家庭与社区、移民与都市、精英与底层之间的有机联系。而基金会协同社会治理更全面地着力于现代社会涌现的新产业、新现象与新问题，并从公民社会、民生保障、环境危机、扶弱助残、医疗救助等方面给予关怀。

从重庆市基金会发展的历程来讲，总体以公募基金会为主，自1997年重庆直辖市设立以来，由2家基金会规范发展到现今的80多家，重庆市残疾人福利基金会、重庆市妇女儿童基金会等基金会相继成立，在济困、扶老、救孤、恤病、助残、救灾、助医、助学等关系贫困群众切身利益的问题方面不断贡献力量。在新时代推动形成西部大开发新格局，建设成渝地区双城经济圈的战略布局下，基金会的发展有了新愿景、新局面。基金会也正在用协同的理念去智慧化解长期制约社区有效治理的深层次问题。基金会是构建基层社会治理新格局的关键性力量之一，更为我们研究所重视。

这本书的出版尝试将科学研究与社会服务有效衔接，形成一些基金会协同社会治理的理论与现实的对话，服务于推动当地社会组织的发展，致力于社会组织人才培养和公益组织能力建设。我们提倡基金会协同社会治理的创新，在于以基金会规范发展为关键，终以"道法助益"为理念。文本的总体表述还不够完善，但希望呈现出我们对基金会的认识、对基层治理、区域发展与社区营造的积极思考。从日常性、生活性、全民性和意义性来洞察社会组织参与社会治理的结构，厘清政府与社会组织协同的互动关系，分析基金会运行发展的机制，探讨社会组织参与社会治理的路径，以区域性与综合性视角尝试在宏观的国家治理领域做进一步的梳理与解读。

自2012年以来，我的团队参与了重庆全市性的社会组织等级评估和咨询工作；连续三年承接民政部"中央财政支持社会组织参与社会服务项目"；2014我的团队申请直接登记成立了重庆市现代社会组织发展促进中心，当年就接受重庆市民政局委托，负责开展全市基金会评估工作和全市性行业协会商会与行政机关深化脱钩试点评估工作；2016年在西南大学举办"慈善法与社会组织发展重庆高峰论坛"。团队在对基金会的认知与研究中获得了很大的拓展与深入，同时也积极致力于为基金会提供品牌咨询和建设辅导，朝着建设重庆市社会组织新型智库的方向迈进。

重庆市社会组织的发展离不开国内各高校、研究院所社会组织研究专家们的支持，感谢他们挤出时间，来到重庆传经送宝，授业解惑。特别感谢重庆市民间组织管理局刘韵秋局长、余东海局长的全情支持，重庆师范大学费中正教授对项目报告完成的辛勤付出。写作中对多学科和相关研究领域的文献资料、理论观点多有参考借鉴，这是互联网和大数据时代为学术研究所提供的便捷，我们在此向那些素未谋面的前贤谨致谢忱！

随着我国现代化进程不断地推进，并越来越深地融入全球化体系中，在构建人类命运共同体的伟大实践中各种有形的和无形的、社会的和文化的界限，不断地被越来越频繁的人员、物资和信息的流通所穿越。基金会协同社会治理，在进一步平衡地区差异、城乡差别和贫富差距等问题上，通过慈善力量补充社会保障体系，成为"流动民族""流动人口"融合社会的桥梁。中国文化在于"仁"，"仁者爱人"，建立基于中国文化渊源与文化自信的基金会组织，以"善业"为使命，能够更好地赢得政府、社会组织和人民的信任。唱响"一带一路"倡议，向世界传递中国公益的向善力量，促进中国与周边及沿线国家民意相通、民心相连。

书稿虽然完成，但我对于社会组织的关注和相关课题的研究远未结束。我憧憬这本小书为重庆市社会组织研究搭起一个多学科对话、多方力量共建合作的平台。期待与诸位携手前行。

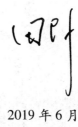

2019 年 6 月

责任编辑:陈　登
封面设计:姚　菲
责任校对:杜凤侠

图书在版编目(CIP)数据

道法助益:基金会协同社会治理实证研究/田　阡 著. —北京:人民出版社,
　2020.6
ISBN 978－7－01－022115－1

Ⅰ.①道…　Ⅱ.①田…　Ⅲ.①基金会-作用-社会管理-研究-中国
　Ⅳ.①D63

中国版本图书馆 CIP 数据核字(2020)第 079982 号

道法助益:基金会协同社会治理实证研究
DAOFA ZHUYI JIJINHUI XIETONG SHEHUI ZHILI SHIZHENG YANJIU

田　阡　著

人民出版社 出版发行
(100706　北京市东城区隆福寺街 99 号)

天津文林印务有限公司印刷　新华书店经销

2020 年 6 月第 1 版　2020 年 6 月北京第 1 次印刷
开本:710 毫米×1000 毫米 1/16　印张:14
字数:201 千字

ISBN 978－7－01－022115－1　定价:48.00 元

邮购地址 100706　北京市东城区隆福寺街 99 号
人民东方图书销售中心　电话 (010)65250042　65289539